DICTIONNAIRE DES SENTIMENTS

Direction éditoriale
Charlotte Ruffault

Direction artistique
Gérard Lo Monaco

Auteurs
Les sentiments de ce dictionnaire ont été écrits par
Véronique Fleurquin

La théorie a été écrite par
Martine Laffon

Coordination
Ilona Zanko

Maquette
Caroline Buffet

Dessin de couverture
Rémi Saillard

DICTIONNAIRE DES SENTIMENTS

SYROS

Petite note de l'éditeur

Nous avons volontairement mêlé dans ce dictionnaire des états d'âme, des intuitions, des émotions durables, des impressions et des opinions.
Le lecteur ne doit pas s'étonner de trouver l'arrogance, la froideur ou l'égoïsme, qui relèvent plus de l'attitude que de l'état affectif, comme le sont la jalousie ou la tristesse.
Nous avons cherché, en effet, à travers ce large choix de mots, à nous rapprocher d'une définition plus générale des sentiments, telle qu'elle est donnée par Martine Laffon dans le chapitre « Qu'est-ce qu'un sentiment ? ».

Mode d'emploi

Ce dictionnaire a été conçu autant
pour le plaisir de la lecture que pour améliorer
l'expression écrite et orale.

Comment bien l'utiliser ?

Pour trouver un mot ou pour vérifier son orthographe :
l'ordre alphabétique.

Pour découvrir le sens d'un mot : la définition-portrait.
Attention : le registre de langue est parfois familier,
il faut le réserver pour un usage personnel (courrier, copains).

Pour bien employer le mot : la phrase-modèle.
Le registre de langue est courant et peut être utilisé
dans toutes les formes d'écrit.

Pour connaître le sens opposé du mot : le contraire.

Pour en savoir plus sur les sentiments : un peu de théorie
pages 53 à 57, 139 à 142, 221 à 225, 291 à 295 et 335 à 338.

A

ABANDON

Délicieuse oasis

Cela peut être absolument délicieux ou affreusement douloureux.

Vu sous le mauvais angle, l'abandon se double d'une solitude amère. Trahi, délaissé, séparé d'un être cher, il ne reste pour toute compagnie que le chagrin, la peur, l'incertitude. Si on a soi-même abandonné quelqu'un ou quelque chose, regrets et remords s'en mêlent. Ce n'est pas très gai non plus.

Par chance, l'abandon a ses bons moments. Instants de calme, de détente. On s'abandonne au sommeil, à la paresse, à la caresse du soleil. C'est aussi l'heure exquise des confidences. La minute où dire, confiant, ce qu'on a sur le cœur. « Je t'aime », par exemple !

LE MODÈLE : *Il s'est livré avec abandon au plaisir des confidences.*
LE CONTRAIRE : *acquisition, adoption.*

ABATTEMENT

Du plomb dans l'aile

L'enthousiasme se met brutalement en grève. La joie de vivre rend son tablier. L'espoir s'en va en claquant la porte. Et vlan ! L'ennui vous tombe dessus, accompagné d'une grande fatigue.

Il ne reste pas le moindre soupçon d'imagination pour sauver la situation. Quant à la volonté, elle a du plomb dans l'aile. D'ailleurs, rien ne vous tente. Aussi en forme qu'un vieux chiffon, il ne reste qu'à faire le dos rond. En attendant que cette drôle de fatigue se fatigue. Et que l'abattement se lasse de s'abattre.

LE MODÈLE : *L'immensité des dégâts causés par le cyclone l'a plongé dans un abattement total.*
LE CONTRAIRE : *joie, exaltation.*

ABJECTION

Répugnance justifiée

Le truc glauque, visqueux, un sentiment-sangsue qui rampe dans la tête comme une invasion de limaces ; vous en ressortez l'estomac chaviré, le cœur barbouillé, les mains moites...

Certaines personnes, certains spectacles — abjects — provoquent une répugnance justifiée.

On peut aussi se sentir abject soi-même.

LE MODÈLE : *Je trouve sa conduite envers cette fille absolument abjecte.*

LE CONTRAIRE : *élévation, dignité.*

ABOMINATION

Machine infernale

Abracadabra ! S'il existait une formule magique, quel soulagement de faire disparaître l'abomination ! Minable, comme son nom l'indique, elle pollue tout ce qu'elle touche. Mais, de préférence, ce que vous avez de plus cher, de plus sacré. Pire que les pluies acides, l'abomination saccage les beaux sentiments. Elle utilise des verres déformants pour transformer l'amitié la plus pure en relation sordide. Sa machine infernale peut démarrer à partir d'un simple potin.

LE MODÈLE : *Cette rumeur est une abomination.*
LE CONTRAIRE : *beau, bon.*

ABOUTISSEMENT

Victoire après galère

Pour ressentir un sentiment d'aboutissement, il faut commencer par ramer. C'est ce qu'éprouvent les marins qui arrivent à bon port, après avoir essuyé quelques tempêtes. Quand on a bien rêvé d'un truc, le plaisir est d'autant plus grand qu'on a beaucoup galéré pour l'obtenir. Un cadeau offert à soi-même, une réussite. Un résultat heureux, dû à notre seule volonté, bien mérité.

LE MODÈLE : *Cette découverte est l'aboutissement de longues recherches.*
LE CONTRAIRE : *commencement.*

ABRUTISSEMENT

Âne hébété

La tête gonflée comme une citrouille, aussi creuse qu'une cruche, l'air crétin à souhait, on a tout du parfait cornichon. Vous êtes envahi généralement par cet état après une longue période d'attention. L'abrutissement succède aussi à un cycle d'abêtissement intensif devant les séries insipides du petit écran. Ou bien, plus bête que méchant, on commence par faire l'âne, on prend l'air nigaud, on joue à l'andouille. De fil en aiguille, le simplet rigolo vire au parfait abruti.

LE MODÈLE : *Il échappe à ses angoisses dans l'abrutissement d'un travail répétitif.*
LE CONTRAIRE : *élévation.*

ACCABLEMENT

Coup de pompe intégral

L'image qui viendrait à l'esprit — si on avait la force d'imaginer quoi que ce soit dans cet état — est celle d'une pauvre bête de charge, ployant sous le poids d'un fardeau trop lourd. Trop, c'est trop. Surtout d'un seul coup. Une mauvaise nouvelle, une énorme charge de travail, un gros, gros pépin vous tombent dessus, sans crier gare. Hébété, chancelant, il ne reste qu'une solution envisageable : tout laisser tomber et se réfugier sous sa couette.

LE MODÈLE : *Les torrides journées d'été me laissaient dans un état d'accablement total.*
LE CONTRAIRE : *soulagement.*

ACCOMMODEMENT

Faire avec...

L'accommodement est le sentiment par excellence du bon sens populaire. Faire contre mauvaise fortune bon cœur, prendre les gens comme ils sont, ménager la chèvre et le chou, puisqu'on ne peut avoir le beurre et l'argent du beurre. Souvent, il faut faire des choix, des compromis. Louvoyer entre ce qui est permis, possible, souhaitable, désirable, obligatoire.

LE MODÈLE : *Les accommodements sont parfois nécessaires aux bonnes relations.*
LE CONTRAIRE : *refus.*

ACCOMPLISSEMENT

Le fin du fin, le top du top

Ça ressemble terriblement au bonheur. Ça mérite 20 sur 20. C'est parfait ! Presque trop beau pour être vrai. Et, pourtant, il suffit parfois de peu de chose. Imaginez. À la fin d'une journée de vacances remplie à ras bord d'activités diverses, riche de rencontres, de rires, de gourmandises, vous voici seul, assis sur un rocher. Devant vous, sur la mer, le soleil se couche. Vous vous sentez en pleine harmonie avec ce paysage grandiose. Pas d'inquiétude, pas de soucis, pas le moindre bobo. La tête légère, le cœur tranquille, le corps content. Au centre de l'univers. Complètement bien.

LE MODÈLE : *Cette maison est l'accomplissement de tous ses rêves.*
LE CONTRAIRE : *ébauche.*

ACHÈVEMENT

Prix d'excellence

La cerise sur le gâteau, pour la pâtissière. Le tout dernier coup de pinceau, pour le peintre. Le point final d'un devoir, après avoir soigné la présentation, pesé ses mots, corrigé jusqu'au moindre soupçon de faute. Pas de sentiment d'achèvement possible pour ceux qui démarrent mille choses et n'en terminent aucune. Cette récompense particulière est strictement réservée à ceux qui mènent une action de bout en bout.

LE MODÈLE : *Cette date marque l'achèvement d'une longue attente.*
LE CONTRAIRE : *commencement.*

ACRIMONIE

Hargne aigrie

Il y a des cris, dans ce mot-là. De l'aigreur, aussi. Ça sent la mauvaise humeur. S'il fallait donner une couleur à ce sentiment, un vilain gris lui irait comme un gant. Un gris sale, poussiéreux. Pas le noir flambant neuf des colères noires. Mais plein de vieilles colères rentrées, accumulées, qui n'ont jamais eu l'occasion d'un coup d'éclat, d'une porte claquée. Alors, la pression sort en sifflant, version Cocotte-minute. Il vient des mots qui grincent, qui couinent, qui égratignent. Des mots hargneux, rugueux. De quoi hérisser le poil du destinataire, sans vraiment soulager celui qui les prononce.

LE MODÈLE : *Il lui a dit ses torts sans acrimonie mais avec fermeté.*
LE CONTRAIRE : *douceur.*

ADMIRATION

Joie éblouie

Ce sentiment-là vous requinque comme une grande bouffée d'air de la mer ou de la montagne. Un très beau paysage l'éveille à merveille. Surpris, saisi, transporté par tant de beauté, on est tout bien.
Aucune égratignure d'envie ni de jalousie ne vient griffer cette approbation éblouie.

LE MODÈLE : *Il éprouve une véritable admiration pour son père.*
LE CONTRAIRE : *mépris.*

ADORATION

Amour fervent

En principe, il faudrait se mettre à genoux et remercier le ciel pour un cadeau si exceptionnel. Évidemment, si on *adore* les fraises, le beau temps, les pulls Truc-Muche et la musique de Machin-Chose, on passe sa vie à se prosterner. Les *idoles* savent susciter — pour un temps — cette passion fanatique. Mais, parfois, dire « je t'adore » avec un petit sourire signifie tout simplement : « Allez, je t'aime bien quand même ! »

LE MODÈLE : *Elle est en adoration devant son enfant.*
LE CONTRAIRE : *haine.*

AFFECTION

Tendre penchant

Les « affectueux souvenirs » des cartes postales peuvent manquer de sincérité. Le plus souvent, l'affection va sans dire. Une bourrade, un sourire, un câlin l'expriment mieux que des mots.

Curieusement, c'est souvent l'absence qui prouve la présence de l'affection. Si quelqu'un qui vous est parfaitement indifférent vous manque, pas de doute : vous avez un secret penchant pour lui.

LE MODÈLE : *Ils ont beaucoup d'affection l'un pour l'autre malgré leur timidité.*
LE CONTRAIRE : *aversion.*

Ma mère croise avec feu,
sur sa gorge que hausse
un corset à goussets, ses jolies
mains fanées par l'âge
et le grand air. Rougissante
entre ses bandeaux
qui grisonnent, soulevée
d'une indignation qui fait
trembler son menton détendu,
elle est plaisante, cette petite
dame agée, quand elle se défend,
sans rire, contre un jaloux

sexagénaire. Il ne rit pas
non plus, lui, qui l'accuse
à présent de "courir le guilledou".
Mais je ris encore, moi, de leurs
querelles, parce que je n'ai
que quinze ans, et que je n'ai pas
encore deviné, sous un sourcil
de vieillard, la férocité
de l'amour, et sur des joues
flétries de femme la rougeur
de l'adolescence.

COLETTE, "Amour", *La Maison de Claudine*, © Hachette

AFFINITÉ

Terrain d'entente

On peut en avoir pour les maths, le sport ou son voisin. Une tartine a des affinités avec la confiture, tout comme la salade qui se sent bien dans son saladier, en harmonie avec la vinaigrette.
Accord entre des gens qui se ressemblent ou se complètent, l'affinité n'a pas son pareil pour mettre de l'huile dans les relations humaines.

LE MODÈLE : *On remarque certaines affinités entre ces deux écrivains.*
LE CONTRAIRE : *antipathie.*

AFFLICTION

Peine cruelle

Cette forme grave du chagrin ne court pas les rues, sauf — hélas — en cas de guerre ou de catastrophe naturelle. L'affliction est le sentiment le plus couramment éprouvé lors d'un deuil. Comme toutes les grandes douleurs, elle reste souvent muette. Incapable de parler, elle pleure. Des larmes partagées peuvent l'adoucir. Mais seul le temps saura l'effacer.

LE MODÈLE : *La mort de son père la plongea dans une grande affliction.*
LE CONTRAIRE : *allégresse.*

AGRÉMENT

Sensation agréable

Les loisirs donnent une idée assez précise de ce sentiment. Certaines personnes ont le don de vous faire ressentir cette sensation agréable par leur seule présence. Il émane d'elles un charme, une qualité d'accueil qui créent une bulle de bien-être. Près d'elles, on se sent en vacances.

LE MODÈLE : *La pratique du tennis lui procure beaucoup d'agrément.*
LE CONTRAIRE : *désagrément.*

AGRESSIVITÉ

Réflexe de défense

Il y a de l'électricité dans l'air, des fils de fer barbelé plein l'environnement. Regard assassin, poings serrés, muscles en alerte, c'est le branle-bas de combat, même en l'absence d'assaillant. On peut se sentir plein d'agressivité, tout seul dans son coin. Parce qu'on a piétiné nos plates-bandes, saccagé notre jardin secret, envahi notre tour d'ivoire. Trop de bruit, trop de discipline imposée menacent la paix de l'âme. Une voix intérieure proteste : « Et moi, et moi ? » On passe à l'attaque pour se défendre.

LE MODÈLE : *Il est plein d'agressivité envers moi sans que je comprenne pourquoi.*
LE CONTRAIRE : *douceur.*

AIGREUR

Humeur amère

Toute l'acidité d'un cornichon emballé par erreur dans un papier de bonbon. Ce sentiment-là a mal tourné. Il a tourné comme du lait caillé. Le plaisir, attendu, espéré, se métamorphose en grincements de dents. L'aigreur accompagne souvent les déceptions.

LE MODÈLE : *Elle lui reprocha avec aigreur ses absences répétées.*
LE CONTRAIRE : *gentillesse.*

ALLÉGRESSE

Joie majuscule

Le joli mot que voilà ! En latin, ça se prononce Alleluia ! Cela sonne comme des cloches, à toute volée, sur un paysage printanier. Un sourire intérieur vous illumine de la tête aux pieds. Les pieds, du reste, meurent d'envie de danser. C'est si frais, si fort que tout le monde alentour succombe à la contagion délicieuse.

LE MODÈLE : *Quel sentiment d'allégresse lorsqu'il apprit qu'il était reçu à l'examen !*
LE CONTRAIRE : *tristesse.*

ALTRUISME

Envie de donner

Un secret penchant pour le reste du monde. Le cœur déborde d'amour et de générosité. Tout le contraire de l'égoïsme. Mais l'un et l'autre font bon ménage. Il vaut mieux s'aimer bien pour bien aimer les autres. Un proverbe, d'ailleurs, l'atteste : « Charité bien ordonnée commence par soi-même. »

LE MODÈLE : *Il a fait preuve d'altruisme en l'aidant sans même le connaître.*
LE CONTRAIRE : *égoïsme.*

AMABILITÉ

Souci de faire plaisir

Précieuse et policée, elle est très utile en société. Quand le stress bouscule les irascibles, elle s'applique promptement à lisser les poils hérissés. Elle peut aussi bien devenir brosse à reluire quand on a besoin de se faire bien voir.

LE MODÈLE : *Elle nous a reçus avec une grande amabilité.*
LE CONTRAIRE : *méchanceté.*

AMÉNITÉ

Un charme exquis

L'aménité, comme sa cousine l'affabilité, est un mot hors d'usage.
Sa recette, subtile, est pourtant facile et inratable. Un fond de savoir-vivre, deux doigts de politesse, une bonne rasade de gentillesse saupoudrée de générosité.
Le tout bien dosé, bien équilibré, vous obtenez un cocktail plein de charme.

LE MODÈLE : *Leur délicieuse aménité est d'une autre époque !*
LE CONTRAIRE : *grossièreté.*

AMERTUME

Un goût de chagrin

Elle grince comme une chaîne rouillée agrippée derrière la déception ou le manque. C'est un boulet qui ralentit, freine l'âme et l'englue dans la brume des ressentiments.

LE MODÈLE : *Elle était pleine d'amertume en se remémorant les remarques de son père.*
LE CONTRAIRE : *joie.*

AMITIÉ

Lien libre

On est bien ensemble. Confiance. Confidences. Partage des rires, des espoirs, des rêves, des doutes, des projets, du silence. Comme un poisson dans l'eau. Comme l'eau dans sa source.
Un sentiment rare et très cher. Un trésor.

LE MODÈLE : *Nous nous sommes tout de suite liés d'amitié*
LE CONTRAIRE : *antipathie.*

AMOUR

Inclination irrésistible

Contrairement à l'amitié, l'amour ne vous laisse pas le choix. C'est un rapt, un enlèvement, devant lequel on s'incline. Épris, votre cœur est pris. Plus libre, en dérangement. Aimanté. Comme l'aiguille d'une boussole. Et pourtant, bien souvent, l'amour vous fait perdre le nord. L'amour fou, surtout.

LE MODÈLE : *L'amour qu'elle lui porte est ravageur !*
LE CONTRAIRE : *haine.*

Le front aux vitres comme font les veilleurs de chagrin
Je te cherche par-delà l'attente
Par-delà moi-même
Et je ne sais plus tant je t'aime
Lequel de nous deux est absent

PAUL ÉLUARD, *L'Amour, la Poésie,* © Gallimard

AMOUR-PROPRE

Amitié qu'on a pour soi

Chatouilleux, celui-là se froisse pour un rien. Une critique le meurtrit, le mépris le blesse à mort. C'est un sentiment qui commence bien et qui finit mal. C'est bon, non, de s'aimer ? Mais on pense surtout à l'amour-propre quand il fait mal. Quand on se sent sali, aux yeux d'autrui. Des bleus à l'âme, le rouge aux joues, SOS, vite, un pansement d'amitié, un onguent d'amour tout court !

LE MODÈLE : *Tes critiques ont touché son amour-propre toujours à vif.*
LE CONTRAIRE : *humilité.*

ANGOISSE

Double-nœud

Les boules. Une dans la gorge. Une à l'estomac. Souffle coupé, la peur au ventre, malaise.
Difficile à maîtriser, cette bête noire invisible qui vous grignote les tripes. Le mieux à faire : respirer un grand coup, voire plusieurs. Noyer la bête, sans pitié, dans un grand bol d'air.

LE MODÈLE : *Elle longeait le trottoir mal éclairé avec angoisse.*
LE CONTRAIRE : *confiance.*

ANIMOSITÉ

Petite peste

Ce sentiment-là n'est pas animé des meilleures intentions. Tout au contraire, il a bien l'intention de nuire. Un mauvais coucheur. Agaçant. Pas méchant-méchant. Mais maniaque du négatif.

LE MODÈLE : *Il ne lui a témoigné aucune animosité malgré leur récente dispute.*
LE CONTRAIRE : *bienveillance.*

ANTIPATHIE

Incompatibilité d'humeurs

Là, non ! Non merci ! Sans façons. Votre tête ne me revient pas, pas envie de vous aimer. Pas envie. C'est clair. C'est bête, mais c'est comme ça. Un instinct. Point.

LE MODÈLE : *J'éprouve une véritable antipathie pour cet homme.*
LE CONTRAIRE : *sympathie.*

APAISEMENT

Retour au calme

Une brise douce se lève dans une journée torride. Un rideau se tire devant un spectacle insoutenable. Battements de cœur qui retrouvent, enfin, un rythme d'horloge. Sommeil bienheureux. Ouf !

LE MODÈLE : *C'est une terreur ! Quel apaisement soudain après son départ !*
LE CONTRAIRE : *agitation.*

APATHIE

Sentiments en panne

Mollasson, cotonneux, le cœur vide. Les feux de la colère, éteints. Les fleurs de l'enthousiasme, fanées. Écroulé de fatigue ou fatigué de galérer. Pause dans le désert. Un grain de sable a stoppé la machine. Jusqu'au prochain mirage.

LE MODÈLE : *Il a bien du mal à secouer son apathie.*
LE CONTRAIRE : *énergie.*

APPRÉHENSION

Chaussée glissante

Terrain miné, plein d'inconnus suspects ou d'examinateurs impitoyables. Sables mouvants. Pas vraiment peur, mais pas loin.

LE MODÈLE : *Elle écouta les nouvelles avec appréhension.*
LE CONTRAIRE : *tranquillité.*

APPROBATION

D'accord !

Bien. Vraiment bien. Rien à redire. Beau travail, jolie performance. Pas de quoi décerner une médaille, ni déclencher des hourras. Mais tout le monde est d'accord, un vrai bon point.

LE MODÈLE : *Le projet d'aménagement du quartier a reçu apparemment l'approbation de tous.*
LE CONTRAIRE : *désaccord.*

ARROGANCE

M'as-tu-vu

Pose avantageuse, regard hautain, un soupçon d'insolence... « C'est moi que v'là ! »

LE MODÈLE : *Avec quelle arrogance il me répond !*
LE CONTRAIRE : *humilité.*

ASSERVISSEMENT

Esclavage

Tout le contraire de la liberté. Une discipline trop stricte, un entourage tyrannique, et on se sent comme un oiseau en cage. Mais l'on peut tout aussi bien se prendre au piège soi-même et devenir esclave de la mode, de la cigarette, du chocolat, de la télévision ou du téléphone !

LE MODÈLE : *J'ai connu l'asservissement de la passion.*
LE CONTRAIRE : *liberté, indépendance.*

ASSOUVISSEMENT

Appétit comblé

La perfection des retrouvailles après une absence. L'arrivée d'une lettre très attendue. Un coup de fil qui comble une solitude. Chaque fois qu'une envie ou qu'un vif désir est satisfait — à ras bord — comme un grand verre d'eau apaise une grosse soif.

LE MODÈLE : *Il recherchait par-dessus tout l'assouvissement de ses désirs.*
LE CONTRAIRE : *insatisfaction.*

La sympathie (...) : on l'obtient à
bon marché, après les catastrophes.
L'amitié, c'est moins simple.
Elle est longue et dure à obtenir,
mais quand on l'a, plus moyen de
s'en débarrasser, il faut faire face.

ALBERT CAMUS, *La Chute*, © Gallimard

ATTACHEMENT

Lien fidèle

Comme le ruban d'un paquet-cadeau, une affection fidèle nous lie joliment à certains êtres, à certains lieux, à certains objets. Un sentiment solide et pourtant léger, qui se rit du temps et de la distance. Même loin, on se sent proche. Et l'on peut fort bien rester attaché toute une vie : à la mer, à Mozart, aux livres, aux feux de bois...

LE MODÈLE : *Elle éprouve un grand attachement pour tous les objets de cette maison.*
LE CONTRAIRE : *aversion.*

AUTHENTICITÉ

Vérité profonde

Peut-être le plus nu des sentiments. Si profond, si sincère, si criant de vérité qu'on hésite à le décrire. Il semble que l'habiller d'un mot ce serait le déguiser. Il jaillit du plus profond de l'être, vous envahit tout entier, et s'exprime souvent de façon physique. Cri de joie, larmes de bonheur, tremblement de peur... Pour partager l'authenticité, rien de tel que le regard. Entre amis, sans mot dire, on sent d'emblée que l'on ressent la même chose. Un courant fort passe. On est au cœur des choses.

LE MODÈLE : *Il y avait beaucoup d'authenticité dans ses gestes et ses paroles.*
LE CONTRAIRE : *fausseté.*

AUTORITÉ

Question de confiance

Il n'y a pas d'âge pour l'autorité. Mais des moments, comme ça, où l'on se sent assez sûr de soi — ou de son sujet — pour énoncer ses convictions avec force. Que les autres en pensent ce qu'ils veulent. On sait qu'on a raison. C'est bien agréable et très rassurant.

LE MODÈLE : *J'avais le sentiment qu'il exerçait sur moi une certaine autorité.*
LE CONTRAIRE : *discrédit.*

AVERSION

Dégoût profond

Cela va beaucoup plus loin qu'une grimace. Le dégoût est si fort, la répugnance si grande que l'on se détourne. Impossible de faire face.

LE MODÈLE : *J'ai une aversion prononcée pour les épinards.*
LE CONTRAIRE : *amour.*

AVIDITÉ

Désir glouton

Une fringale terrible vous habite. Désir ardent de richesse, d'amitié ou de grand air. Si l'objet de cette convoitise se présente, on le dévore tout cru.

LE MODÈLE : *Il détaillait ses charmes avec avidité.*
LE CONTRAIRE : *indifférence.*

Amour, amitié, passion...

J'aime mon père, qui aime ma mère, qui aime mon petit frère, qui aime son copain Julien qui aime beaucoup le chocolat. Aimer : un seul mot qui désigne à lui seul tous nos penchants... Mais, derrière ce mot, y a-t-il plusieurs sentiments ?

• • •

Les parents, les amis, les études, la danse, la crème à la vanille, nous pouvons aimer tout cela...
Mais aime-t-on de la même façon la patrie, une personne ou Dieu ?

Si on emploie le mot aimer pour parler d'un bien matériel, on n'utilise jamais le mot amour. On dit : « J'aime le Coca-Cola. » Mais on ne dit pas : « J'ai de l'amour pour le Coca-Cola. » Ce « j'aime-là » fait partie du langage courant. Ce n'est pas forcément un sentiment mais plutôt une émotion. Cependant lorsqu'on aime une œuvre d'une beauté bouleversante : un tableau, une musique..., on parle de sentiment esthétique.

« Un ami, c'est quelqu'un qui comprend pourquoi j'aime le soda à la fraise, sans fraise dedans » dit Charlie Brown. L'amitié ce n'est pas l'amour. L'ami c'est celui qui me comprend comme je suis, qui n'exige pas que je sois différent. Qu'il ait ou non le même caractère, l'ami est proche, avec lui je peux échanger sans faire de manières, à égalité.

L'amitié ignore la séduction. Quand le désir s'en mêle, l'amitié vire à la relation amoureuse. Une relation où l'envie de l'autre, spontanément physique, est entretenue par l'imagination jusqu'à la passion parfois. • • •

La passion... ce besoin inexplicable que l'on a d'un être, l'amour fatal ou le coup de foudre. La passion, cette « folie » qui peut aller jusqu'au meurtre, un sujet de tragédies pour les écrivains, un fait divers pour les journalistes...

L'amour de soi, *l'égocentrisme*, c'est encore autre chose. En psychologie, c'est le premier sentiment, celui de l'enfant qui cherche d'abord ce qui le satisfait avant de chercher à satisfaire ceux qui l'entourent. Sa relation d'amour est une relation de dépendance, d'attachement, c'est un stade normal de l'enfance. Il faut du temps avant que l'enfant passe de sa relation de dépendance à une relation de réciprocité. Si ce sentiment d'égocentrisme dure et devient à l'âge adulte une tendance à faire de soi le centre de l'univers, cela complique un peu les choses.

L'amour peut reposer sur le désir physique, l'admiration, l'accord des caractères, la complicité, la vanité...
Les philosophes ne s'y trompent pas, ils distinguent l'*amour de concupiscence*, qui désire simplement autrui pour se l'approprier et l'*amour de bienveillance*, qui désire le bien d'autrui.

B

BASSESSE

Sentiment étriqué

Ne vole pas haut, comme son nom l'indique. Les pensées font du rase-mottes, la fierté s'aplatit comme une carpette, la générosité brille par son absence. C'est le royaume du fayotage, des calculs mesquins, des coups bas.

LE MODÈLE : *Avec quelle bassesse il distille ses flatteries !*
LE CONTRAIRE : *noblesse.*

BÉATITUDE

Heu-reux !

Un petit goût de paradis. On plane, nimbé d'une auréole, en odeur de sainteté. C'est moelleux comme un cocon et délicieusement rose. On rit aux anges, comme un bébé.

LE MODÈLE : *Il éprouvait un sentiment de béatitude infinie devant les éloges de tous.*
LE CONTRAIRE : *tristesse.*

BIEN-FONDÉ

Zéro faute !

Pensées, paroles, action, tout s'encastre à merveille. On est dans le droit chemin, on a raison, on a tout juste. Personne ne peut vous accuser d'être hors sujet.

LE MODÈLE : *Il se défendit sur le bien-fondé de ses arguments.*
LE CONTRAIRE : *illégitime.*

BIENFAISANCE

Œuvre humanitaire

Cela rime avec assistance à personne en danger. C'est tout simple : faire du bien, et le faire bien. On se sent bon, on se sent bien.

LE MODÈLE : *Elle fait œuvre de bienfaisance avec toute la générosité qui l'habite.*
LE CONTRAIRE : *malfaisance.*

Le bonheur, c'est d'être cerné de mille désirs, d'entendre, autour de son corps, craquer les branches.

FRANÇOIS MAURIAC, *le Mal*, © Grasset

BONHEUR

Septième ciel

Attendu, espéré, un sentiment que chacun appelle de ses vœux, mais qui vient quand il veut et s'enfuit toujours trop vite. L'attente d'un bonheur, un souvenir de bonheur, n'est-ce pas déjà, n'est-ce pas encore du bonheur ?

LE MODÈLE : *Il est toujours nostalgique, il passe à côté du bonheur.*
LE CONTRAIRE : *malheur.*

BONTÉ

Cœur d'or

Un sentiment rond et sucré comme un bonbon, avec un moelleux de loukoum, une douceur de guimauve, un fondant de chocolat. Il dure parfois le temps d'un éclair, le temps de s'entendre dire qu'on est un chou. Ou bien, il en fait trop. Et on vous prend pour une poire !

LE MODÈLE : *Elle s'occupe de lui avec une rare bonté.*
LE CONTRAIRE : *méchanceté.*

C

CAFARD

Insecte nuisible

Un nom de sale bête, et c'est vrai qu'il vous fait chercher la petite bête. C'est en cela qu'il est nuisible, parce qu'on n'arrête pas de chercher des raisons lumineuses d'avoir des idées noires. Pas plus dramatique que le mauvais temps, le cafard fleurit volontiers sous des cieux bouchés. Trop d'ennui — ou trop d'ennuis — vous plonge dans sa grisaille. Repart comme il est venu, sans crier gare.

LE MODÈLE : *J'ai toujours le cafard à la fin des vacances.*
LE CONTRAIRE : *gaieté.*

CANDEUR

Blanche innocence

Cela évoque un champ de neige immaculé qu'aucun pied n'a encore foulé. Un sentiment tout neuf, naïf, comme en éprouvent sans doute les bébés. On le retrouve avec bonheur quand on se sent en parfaite harmonie avec quelqu'un. Les confidences, souvent, ont cette qualité de sincérité. Mais les candides agneaux qui trimballent dans la vie leur regard clair et limpide s'exposent — hélas — aux dents aiguisées des loups. Désarmé, mignon à croquer, le candide n'a aucun sens du danger.

LE MODÈLE : *Sa candeur est désarmante.*
LE CONTRAIRE : *dissimulation.*

Il est tellement innocent, papa. Tellement limpide. Pur comme un nouveau-né. Il pose sur le monde ses yeux heureux de voir clair, ses yeux qui ne croient pas au mal, et le mal a honte d'exister. Il blague avec les sœurs, avec la mère supérieure, de ces blagues de paysans où Dieu n'a pas la part belle, et les sœurs rient, il finit par leur taper sur le ventre, par les tirer par un coin de leur voile pour bien leur expliquer, et le voilà qui lance son grand rire au ciel, va donc résister !

FRANÇOIS CAVANNA, *Les ritals*,

CAUSTICITÉ

Virus gourmet

La causticité a de toutes petites dents, terriblement pointues. Elle vous grignote pour entamer votre bien-être sans trop avoir l'air d'y toucher. Elle possède tout un arsenal de mots, soigneusement sélectionnés, pour piquer, égratigner, déstabiliser et finalement démolir. Elle se régale, elle déguste à la petite cuillère les souffrances de sa victime.

LE MODÈLE : *Il a l'art de portraiturer ses ennemis avec causticité.*
LE CONTRAIRE : *douceur.*

CERTITUDE

Assurance tous risques

Un sentiment lumineux, sans l'ombre d'un doute. Un carré bien net. La force tranquille de l'évidence. Nul besoin de chercher midi à quatorze heures. On est dans le vrai, aussi sûr que deux et deux font quatre. En tout cas, on y croit dur comme fer.

LE MODÈLE : *Il est confit de certitudes inébranlables.*
LE CONTRAIRE : *incertitude.*

CHAGRIN

Cœur lourd

Pluie, larmes de pluie. Peine qui se traîne. Recroquevillée, toute chiffonnée. Esseulée, désolée. Enroulée sur elle-même, petite boule chaude et douce, l'âme palpite et se plaint. Poème triste, poème quand même, le chagrin — parfois — vous tisse un nid duveteux où l'on aime à se pelotonner. Seul, avec son chagrin, bien tranquille, au fond des choses.

LE MODÈLE : *Les jours de pluie, elle a souvent le cœur chagrin.*
LE CONTRAIRE : *joie.*

CLAIRVOYANCE

Œil de lynx

Un regard qui perce l'opacité des apparences. L'intelligence, affûtée comme un couteau, dépouille les fioritures du langage pour décoder le cœur du message. La sensibilité, aiguisée, exacerbée, toutes antennes dehors, capte les états d'âme alentour. Moments d'intuition fulgurante où tout devient limpide. Le mensonge, l'hypocrisie, la poudre aux yeux ne résistent pas au rayon laser de la clairvoyance.

LE MODÈLE : *Une fois de plus, il a fait preuve de clairvoyance.*
LE CONTRAIRE : *aveuglement.*

CLAUSTRATION

En prison

Manque d'air, manque d'espace, manque de liberté. Enfermement, étouffement. Ailes rognées, espoirs brisés. Prisonnier. Les murs se resserrent, porte opaque, pas d'issue, pas le moindre rai de lumière. Solitude angoissée. Les pensées tournent en rond, obnubilées. Une seule envie : sortir ! S'en sortir. Respirer. Changer d'air.

LE MODÈLE : *Elle se complaît dans une dangereuse claustration depuis la mort de son mari.*
LE CONTRAIRE : *liberté.*

CLÉMENCE

Grand et généreux

Le pardon qui vous magnifie. Oubliée, l'offense. Effacée, l'insulte. Gommée, la trahison. Amnistie générale. On se sent royal de gracier les pauvres diables qui nous ont fait injure. Le juge renonce à ses privilèges. Le justicier abandonne toute idée de vengeance. Pour mieux se draper dans les atours d'un grand seigneur. Indulgent. Magnanime. Ouvert à la pitié.

LE MODÈLE : *La clémence du proviseur a surpris tout le monde : il n'a renvoyé personne.*
LE CONTRAIRE : *sévérité.*

COLÈRE

Vent d'orage

La moutarde vous monte au nez et vous, vous montez sur vos grands chevaux. Tout monte, dans la colère, comme une soupe au lait. On se fâche tout rouge, on entre dans une colère noire, ou l'on est pâle de rage. Roulements de tonnerre du courroux et de l'ire. Grrrrr... Que de *r* dans la colère ! Même lorsqu'elle vous déserte, on se sent rompu, brisé, ravagé.

LE MODÈLE : *La moindre remarque ravive sa colère.*
LE CONTRAIRE : *douceur.*

COMIQUE

Drôlement bizarre

Cela prête à rire, comme la gaieté, mais pour d'autres raisons. L'effet de surprise y joue son rôle. Quelque chose d'inattendu, d'insolite nous prend au dépourvu. Ne sachant trop sur quel pied danser, on commence par en sourire, le temps de voir venir. Ou bien on se sent un peu ridicule, maladroit, gaffeur. Et on se raccroche au rire, comme à une planche de salut.

LE MODÈLE : *Tout en lui, sa démarche, son accoutrement, était d'un comique !*
LE CONTRAIRE : *pathétique.*

Le microbe n'a pas le temps d'examiner le biologiste.

HENRI MICHAUX, *Face aux Verrous*,
"Tranches de Savoir", © Gallimard

COMMUNION

Accord parfait

Un sentiment qui va sans dire. Deux personnes ou davantage — le temps d'un instant — se sentent en pleine harmonie. Sur la même longueur d'ondes. Une vibration unique les anime. Les cœurs battent au même rythme. Ou bien l'on est seul, en pleine nature, et l'on ressent cette adhésion. Une force cosmique nous envahit. Accompagnée d'une absolue douceur, elle crée comme une immensité intérieure.

LE MODÈLE : *Ils étaient en parfaite communion d'esprit.*
LE CONTRAIRE : *désaccord.*

COMPASSION

Peine partagée

Sur la pointe des pieds, on entre dans le cœur d'autrui pour porter avec lui un peu de sa peine. Une façon humaine, sensible de ne pas le laisser tout seul en des temps difficiles. La douleur y gagne comme un halo de douceur qui rend le malheur plus supportable.

LE MODÈLE : *Dans sa peine elle gardait de la compassion pour le malheur d'autrui.*
LE CONTRAIRE : *indifférence, cruauté.*

COMPENSATION

Contrepoids

Une balance à deux plateaux. Elle penche dangereusement du côté négatif. Genre pessimisme dû à trop de soucis, ou culpabilité consécutive à trop de bêtises accumulées. Pour contrebalancer, on cherche un poids de positif à placer sur l'autre balance. Carré de chocolat ou séance de cinéma pour retrouver son assiette ; une tonne de gentillesse pour se faire pardonner.

LE MODÈLE : Elle a trouvé une compensation à sa déception sentimentale en s'achetant une très jolie robe.
LE CONTRAIRE : déséquilibre.

COMPLAISANCE

Trop poli pour être honnête

Trop de gentillesse. C'est louche. Ou bien c'est lâche. On flatte les autres, pour servir notre propre intérêt. On s'apitoie sur soi-même, à l'excès. Trop sucré, trop mielleux. Un peu écœurant.

LE MODÈLE : *Il fait preuve de trop de complaisance pour ne pas attendre une récompense.*
LE CONTRAIRE : *fermeté.*

COMPLICITÉ

Entente secrète

Une intense intimité entre deux êtres qui se devinent — d'instinct — et se comprennent à demi-mot. Un climat privilégié où les confidences s'épanouissent sans réticence. Il suffit parfois d'un simple échange de regards pour qu'un parfait inconnu vous semble proche comme un frère. Phénomène d'écho. Au plus secret de chacun, des ressemblances profondes entrent en résonance.

LE MODÈLE : *Leur complicité en rend plus d'un jaloux.*
LE CONTRAIRE : *mésentente.*

COMPROMIS

Arrangement à l'amiable

À mi-chemin entre vouloir et pouvoir. Comme un palier, dans un escalier qui mènerait du pire au meilleur. On s'y sent moins bien qu'au septième ciel. Mais cela vaut toujours mieux que le trente-sixième dessous.

LE MODÈLE : *Elle est très entière et déteste les compromis.*
LE CONTRAIRE : *conflit.*

CONCILIATION

Raccommodage

Ce qu'une dispute a déchiré, il faut bien le rapiécer. Bon gré, mal gré, en bougonnant, on recolle les morceaux. La relation n'est plus flambant neuve mais — le temps aidant — il se peut qu'on n'y voie plus que du feu.

LE MODÈLE : *Ils ont fait des efforts mutuels de conciliation.*
LE CONTRAIRE : *désaccord.*

CONCUPISCENCE

Désir physique

On dirait vraiment un gros mot. Le genre de truc qu'il vaut mieux chuchoter pour éviter de s'attirer des ennuis. Bien qu'il sonne mal, il n'évoque rien de plus méchant qu'une attirance naturelle. L'émoi d'un corps, aimanté par un autre corps. Un désir à fleur de peau.

LE MODÈLE : *Sa concupiscence est sans limites.*
LE CONTRAIRE : *indifférence.*

CONDESCENDANCE

Mépris qui prend des gants

La condescendance vous fait l'honneur, du bout du cœur, d'admettre votre existence. Pour rien au monde elle ne descendrait de son piédestal. Sa grandeur a déjà bien du mérite de poser son auguste regard sur votre petite personne. Si elle vous accorde une permission, cela tombe comme une faveur royale, due à la très merveilleuse indulgence de Sa Majesté.

LE MODÈLE : *Il a un ton condescendant que je trouve insupportable.*
LE CONTRAIRE : *déférence.*

CONFIANCE

Sentiment de sécurité

Ici, tout est solide, robuste, costaud. Et cela vous donne une incroyable légèreté. Un roc, qui aurait des ailes.

LE MODÈLE : *Il a une confiance absolue dans sa fille.*
LE CONTRAIRE : *méfiance.*

CONFLIT

Sac de nœuds

Embouteillage de sentiments contradictoires. Les uns vous poussent en avant ; les autres vous tirent en arrière. On perd le contrôle de la situation. Tohu-bohu de champ de bataille, le chaos intégral, la guerre civile est déclarée. Déchiré entre soi et soi, en état de choc, on ne sait même plus à quelle victoire se vouer !

LE MODÈLE : *Il vit en lui un conflit permanent.*
LE CONTRAIRE : *entente.*

CONFUSION

Eaux troubles

Où suis-je ? Où cours-je ? Dans quel état j'erre ? Pas clair, pas clair du tout. Mort de trac, ou mort de honte. On ne sait pas où on a mal. Mais une chose est sûre : on se sent mal dans sa peau.

LE MODÈLE : *Il règne une confusion totale dans ses sentiments.*
LE CONTRAIRE : *clarté.*

Je rêvais vaguement de me supprimer, pour anéantir au moins une de ces existences superflues. Mais ma mort même eût été de trop. De trop, mon cadavre, mon sang sur ces cailloux, entre ces plantes, au fond de ce jardin souriant. Et la chair rongée eût été de trop dans cette terre qui l'eût reçue et mes os, enfin, nettoyés, écorcés, propres et nets comme des dents eussent encore été de trop : j'étais de trop pour l'éternité.

JEAN-PAUL SARTRE, *La Nausée*, © Gallimard

CONSIDÉRATION

Chapeau !

Le plein de respect, une estime sans mélange. Moins affective que l'admiration, mais plus distinguée. Pour preuve, le « Veuillez agréer l'assurance de ma considération distinguée », formule de politesse qui fleurit dans le courrier administratif.

LE MODÈLE : *Il lui témoigne toujours beaucoup de considération.*
LE CONTRAIRE : *mépris.*

CONSOLATION

Baume apaisant

Il faudrait inventer des pharmaciens qui délivrent — sans ordonnance — ce baume-là. Une crème onctueuse, douce, qui aurait l'art de soulager brûlures et blessures internes. Un spray réparateur, qui rafistole les cœurs meurtris, recolle les cœurs brisés. C'est tellement bon, ce réconfort, que pour un peu on aurait du chagrin exprès. Juste assez pour mériter de se faire consoler.

LE MODÈLE : *Elle a trouvé une consolation à ses maux en les décrivant.*
LE CONTRAIRE : *peine.*

CONSTERNATION

Fissure brutale

Un tremblement de terre vous ébranle de la tête aux pieds. Cela arrive avec une grande brutalité. Tout à coup, on reçoit une mauvaise nouvelle en pleine figure. Le sol se dérobe sous nos pieds. Le bien-être tombe en miettes, l'équilibre se fissure. On tombe en chute libre dans un étonnement sans fond. Pour finir, on atterrit — atterré — au beau milieu du malheur.

LE MODÈLE : *Son visage exprimait la consternation plus que la surprise.*
LE CONTRAIRE : *joie.*

CONTENTEMENT

Le plein de super

Que rêver de mieux ? Rien ! Comblé, on a tout, tout, tout pour être heureux. Cette plénitude de satisfaction nous rend tout pimpant. Aussi frétillant qu'un jeune chiot qui déterre l'os de sa vie.

LE MODÈLE : *Son sourire trahissait un vif contentement.*
LE CONTRAIRE : *déplaisir.*

CONTRITION

Repentir sincère

Le sentiment très vif d'avoir mal agi. On en pleurerait. On se jetterait à genoux, vraiment désolé, en se frappant la poitrine. Pardon, pardon, pardon !

LE MODÈLE : *Elle fit acte de contrition en s'aplatissant contre terre.*
LE CONTRAIRE : *réjouissance.*

CONVIVIALITÉ

Accueil* ***

S'il existait un guide touristique des relations humaines, ce sentiment aurait droit au maximum d'étoiles. À l'opposé de la tour d'ivoire, la convivialité a un goût très vif pour la rencontre, le partage. Vive la bande ! Bienvenue aux inconnus ! Échouée sur une île déserte, elle trouverait le moyen de nouer amitié avec une colonie de fourmis, ou d'inviter un piranha à passer prendre un verre.

LE MODÈLE : *Elle ressentait toujours chez ces amis une merveilleuse impression de convivialité.*
LE CONTRAIRE : *individualisme.*

CRAINTE

Sables mouvants

Attention, danger possible ! Un panneau de signalisation indique une chaussée glissante. Mieux vaut y aller doucement.

LE MODÈLE : *Elle s'approcha doucement de la bête, apparemment sans crainte.*
LE CONTRAIRE : *bravoure.*

CRÉDIBILITÉ

Certificat de confiance

Aussi rassurant qu'un contrat de garantie sur un appareil électrique. En principe, cela devrait fonctionner. Une personne crédible ne devrait pas vous laisser en panne. L'excuse que vous inventez pour justifier votre retard sonne juste. Si ce n'est pas la vérité, cela y ressemble. Comme le héros d'un roman — qui n'a jamais existé — mais qui pourrait être vous. Ou votre voisin.

LE MODÈLE : *Ses histoires ne sont pas dénuées de crédibilité, pourtant je conserve un doute.*
LE CONTRAIRE : *invraisemblance.*

CRUAUTÉ

Raffinements de torture

Le poignard de l'injustice frappe dans le dos. Le coutelas du malheur vrille le cœur. Une lame de scie passe et repasse sur les nerfs à vif. Le destin a les canines aiguës d'un loup affamé, le sourire atroce d'un vampire, la féroce gourmandise d'un ogre. Horrible pour la victime, la cruauté fascine le bourreau qui y prend un méchant plaisir.

LE MODÈLE : *Paralysé, il ressentait toute la cruauté de ses paroles.*
LE CONTRAIRE : *douceur.*

D

DANGER

Casse-cou

On se sent comme un funambule, tout seul sur une corde tendue au-dessus d'un ravin. Rien ne prouve qu'on va tomber mais, à cette seule idée, le vertige vous prend.
Dans certaines circonstances, tout au contraire, le sens du danger sert de garde-

fou. Une barrière invisible vous évite le faux pas fatal.

LE MODÈLE : *Il se tut soudain, il avait pressenti un danger.*
LE CONTRAIRE : *sécurité.*

DÉCEPTION

Flacon factice

Alléché par un pot de confiture, tout en haut de l'armoire... Et voilà que, au bout de l'escalade, cela n'a rien à voir. Il est vide. Ou moisi. Ou rempli de vieille peinture noire. Le plaisir attendu fait un flop.

LE MODÈLE : *Quelle déception pour lui de ne pas te trouver !*
LE CONTRAIRE : *satisfaction.*

DÉCONVENUE

Le bide !

Au lieu des applaudissements attendus, des bis, des hourras, des bravos, l'échec vous soufflette comme une gifle imméritée. Joue cuisante, le rouge de l'humiliation au front, on disparaîtrait volontiers dans le moindre trou de souris.

LE MODÈLE : *Sa déconvenue s'étalait sur son visage.*
LE CONTRAIRE : *triomphe.*

DÉCOURAGEMENT

Fatigue morale

Il faudrait une bonne dose de vitamines pour regonfler ce moral à plat. Ce n'est pas le trou noir de la déprime, mais Waterloo morne plaine. Le grand bof !

LE MODÈLE : *Il éprouvait un grand découragement devant son échec à l'examen.*
LE CONTRAIRE : *espérance.*

...cette façon, justement, qu'elle avait, tout à coup, de ne plus pouvoir nous laver, de ne plus nous habiller, et parfois même de ne plus nous nourrir. Ce grand découragement à vivre, ma mère le traversait chaque jour. Parfois il durait, parfois il disparaissait avec la nuit. J'ai eu cette chance d'avoir une mère désespérée d'un désespoir si pur que même le bonheur de la vie, si vif soit-il, quelquefois, n'arrivait pas à l'en distraire tout à fait.

Marguerite Duras, *L'Amant*, © Minuit

DÉDAIN

Complexe de supériorité

Regardez-le se pavaner ! Non mais, pour qui se prend-il celui-là ? Il vous affiche un air supérieur, ne vous adresse la parole que du bout des lèvres, avec une moue qui en dit long... Qui dit, par exemple, que vous êtes un minus, un minable, un pas grand-chose, un moins que rien.

LE MODÈLE : *Elle le toisa avec dédain.*
LE CONTRAIRE : *estime.*

DÉFIANCE

Sur le qui-vive

Il y a du soupçon dans l'air. Un je ne sais quoi vous chuchote qu'il vaut mieux rester sur vos gardes. Ne pas s'abandonner aux confidences. Ou alors, les distiller au compte-gouttes. Jusqu'à preuve du contraire, user de la confiance avec une extrême prudence.

LE MODÈLE : *Il est plein de défiance envers cet homme.*
LE CONTRAIRE : *confiance.*

DÉGOÛT

Cœur barbouillé

Plus d'envies, plus d'appétit. Le plaisir vous boude, la vie fait la grimace. Marre de tout. On se trouve nul. Les autres ne valent guère mieux. Voire pire !

LE MODÈLE : *Le sport ne lui inspire que du dégoût.*
LE CONTRAIRE : *envie.*

DÉLICATESSE

Extrême finesse

Une fleur, une brise, une aile de papillon. De la soie. Un arc-en-ciel dans une bulle de savon. Un sentiment très beau, très tendre, si pur ! Mais fragile. Craint la casse, la maladresse, le bruit. À cultiver comme un bonsaï, avec une infinie douceur.

LE MODÈLE : *Il avait pour elle des attentions d'une merveilleuse délicatesse.*
LE CONTRAIRE : *dureté.*

DÉLOYAUTÉ

Faux-jeton

La trahison, en tenue camouflée, se cache sous un masque amical. Genre loup du Petit Chaperon rouge, coiffé du tendre bonnet de la bonne grand-mère. Gaffe à votre petit pot de beurre !

LE MODÈLE : *En ne m'avertissant pas, il s'est montré d'une grande déloyauté.*
LE CONTRAIRE : *loyauté.*

DÉMISSION

Courage au chômage

La volonté rend son tablier. La vitalité se met en grève. Le tonus baisse les bras. Un marathon, c'est trop long, c'est trop dur. On est bon pour l'abandon.

LE MODÈLE : *Il avait le sentiment d'une totale démission de la part de ses associés.*
LE CONTRAIRE : *engagement.*

DÉNIGREMENT

Opération de sabotage

Un maniaque de la critique. Avec lui, tout est noir, tout est nul. Il voit des boutons d'acné, des bactéries partout ; il vous cherche des poux dans la tête. Un sentiment négatif, qui gratte, irrite, rature.

LE MODÈLE : *Elle a toujours des paroles de dénigrement pour juger le travail d'autrui.*
LE CONTRAIRE : *éloge.*

DÉNUEMENT

Effroyable misère

On se sent très exactement nu comme un ver, sans la moindre brindille d'espoir, sans une étincelle de bonheur. À l'horizon, pas même un lambeau minuscule de douceur dans lequel s'emmitoufler pour cesser de grelotter, de claquer des dents.

LE MODÈLE : *Abandonnée de tous, elle se trouve dans un dénuement absolu.*
LE CONTRAIRE : *abondance.*

DÉPIT

Manque de bol !

On a raté le gros lot. Ou bien ce sont toujours les autres qui gagnent au Loto. Une déception tout entortillée d'envie, de jalousie, de rancœur. On en a gros sur le cœur et, pour un peu, ça nous rendrait méchant.

LE MODÈLE : *Il a vu triompher son rival avec dépit.*
LE CONTRAIRE : *satisfaction.*

DÉPLAISIR

Pas la joie !

Quand faut y aller, faut y aller. Alors, bon, on y va. Mais sans allant. On n'aime pas trop. Faut le faire ? On le fera, d'accord ! Mais à reculons et sans sourire parce qu'on n'est pas d'accord du tout. OK ?

LE MODÈLE : *Elle constata à son grand déplaisir que tout était à refaire.*
LE CONTRAIRE : *plaisir.*

DÉSABUSEMENT

Rêve brisé

Un mot long comme un jour sans croissant, terne comme un vulgaire caillou qu'on avait pris pour une pépite d'or. Le pot au lait s'est brisé. Adieu veaux, vaches, cochons, couvées !

LE MODÈLE : *Son désabusement est tel qu'il n'entreprend plus rien.*
LE CONTRAIRE : *enthousiasme.*

DÉSAPPOINTEMENT

Espoir déçu

Un petit 10 sur une copie, alors qu'on espérait 18. L'appartement « vue mer » où il faut se hisser sur le siège des toilettes et se tordre le cou pour apercevoir un vague bout de plage... Tout penaud, on préfère cacher sa déception.

LE MODÈLE : *Il cacha mal son désappointement devant la grimace de dégoût de son ami.*
LE CONTRAIRE : *satisfaction.*

DÉSAPPROBATION

Pas d'accord !

Un coup de règle sur les doigts. Un avertissement. Un carton jaune. Une contredanse. Faute ! « Je vous le dis comme je le pense et vous faites comme vous voulez. »

LE MODÈLE : *Il ne put supporter le vent de désapprobation qui s'éleva au moment de son intervention.*
LE CONTRAIRE : *approbation.*

DÉSARROI

Vague à l'âme

Tout flou. Ballotté en plein brouillard comme une bouteille à la mer. L'impression d'avoir perdu le nord. La tête tout en fouillis, le cœur en écharpe.

LE MODÈLE : *Elle était en plein désarroi, ne sachant comment réparer sa maladresse.*
LE CONTRAIRE : *assurance.*

DÉSENCHANTEMENT

Charme rompu

Un disque rayé. L'espoir s'est enrayé. Le Père Noël a des rhumatismes. Les fées ont perdu leur baguette magique. Sans illusions, la vie retombe comme un soufflé. Avec le sifflement dépité d'un pneu qui se dégonfle.

LE MODÈLE : *Il a perdu depuis longtemps ses illusions et vit dans le désenchantement.*
LE CONTRAIRE : *enchantement.*

DÉSESPOIR

Gouffre sans fond

Le trou noir. Englouti dans le malheur, on n'en finit pas de tomber, en s'écorchant partout. Muse des poètes, le désespoir leur arrache des cris déchirants, d'une sombre splendeur. Torturant, il saccage tout sur son passage.

LE MODÈLE : *La disparition de son ami le plongea dans le désespoir.*
LE CONTRAIRE : *bonheur.*

Dans un square sur un banc
Il y a un homme qui vous appelle quand on passe (...)
Si vous le regardez
Si vous l'écoutez
Il vous fait signe et rien personne
Ne peut vous empêcher d'aller vous asseoir près de lui
Alors il vous regarde et sourit
Et vous souffrez atrocement
Et l'homme continue de sourire
Et vous souriez du même sourire
Exactement
Plus vous souriez plus vous souffrez
Atrocement
Plus vous souffrez plus vous souriez
Irrémédiablement

JACQUES PRÉVERT, "Le désespoir est assis sur un banc",
Paroles, © Gallimard

DÉSILLUSION

Mirage

L'oasis entrevue était en toc. Les palmiers enchanteurs ? Du plastique poussiéreux ! La source d'eau vive ? Une flaque marécageuse, polluée ! Ah ! les rêves ont bonne mine, couverts de bleus, de boue, de bosses !

LE MODÈLE : *Son voyage ne lui apporta que désillusions.*
LE CONTRAIRE : *illusion.*

DÉSINVOLTURE

Extra-cool

Plus léger que nature. Une aisance suspecte qui frise l'insolence. Cool à ce point, c'est trop gros pour qu'on y croie. Cela cache quelque chose. Un manque de confiance en soi, qui se donnerait des airs d'invulnérabilité ? Un cœur lourd comme un camion, qui voudrait faire croire que tout baigne ? Ou bien un excès de pudeur, qui nous incite à prononcer un « salut ! » banal, alors qu'on meurt d'envie de se jeter au cou de l'autre !

LE MODÈLE : *Il la croisa avec une feinte désinvolture.*
LE CONTRAIRE : *sérieux.*

DÉSOLATION

Ruines

Aussi triste qu'une forêt ravagée par un incendie. Aussi lamentable qu'une ville après un tremblement de terre. Aussi morne qu'une épave. Aussi gris qu'un cendrier plein de vieux mégots.

LE MODÈLE : *Ce paysage dégageait une impression de désolation.*
LE CONTRAIRE : *réjouissance.*

DÉTRESSE

Au secours !

La gorge serrée, le ventre noué, le cœur à l'étroit. Ficelé comme une paupiette, pris au lasso, la vie se fait lourde comme un boulet au pied d'un bagnard. Un naufragé sur une île déserte cernée par les requins. Tout juste la force d'égrener une litanie de SOS !

LE MODÈLE : *Ne les voyant pas revenir, il sentit monter en lui une grande détresse.*
LE CONTRAIRE : *sécurité.*

DIGNITÉ

Droit comme un I

Pas une plainte, pas un murmure. En toutes occasions, la dignité sauve les apparences. Ici, on souffre en silence, avec panache. Interdiction de se laisser aller. Incorruptible, la dignité garde toujours les mains propres. Non qu'elle se lave les mains de ce qui arrive. Mais pour pouvoir se regarder en face, en être humain qui se respecte. Fière d'allure, noble de cœur, la dignité a bien du mérite.

LE MODÈLE : *Elle supportait son malheur avec dignité.*
LE CONTRAIRE : *indignité.*

DISCORDE

Porte qui couine

D'un individu à l'autre, la communication coince. Le duo piano-violon trébuche toujours sur la même fausse note. Incompatibilité d'humeur, incapacité de jouer à l'unisson. Une relation toute biscornue. Chaque discussion aboutit à une impasse. Aussi crispant qu'une perceuse qui vous vrille les tympans en pleine grasse matinée.

LE MODÈLE : *Rien à faire, il ne pouvait y avoir entre eux que discorde.*
LE CONTRAIRE : *harmonie.*

DISSENSION

Relations fissurées

Une frontière invisible, un fossé infranchissable séparent les interlocuteurs. On jurerait deux chiens hargneux qui se disputent un os. Ou une photo de famille, déchirée avec rage, impossible à recoller.

LE MODÈLE : *Elle ne sait comment mettre fin aux dissensions qu'elle a perçues dans sa famille.*
LE CONTRAIRE : *entente.*

DISSENTIMENT

Parasites

Interférences sur la modulation de fréquence. Brouillage sur la ligne de téléphone. Difficile de s'entendre tant qu'on n'est pas sur la même longueur d'ondes.

LE MODÈLE : *Il y avait entre eux, semble-t-il, un fort dissentiment.*
LE CONTRAIRE : *accord.*

DOUCEUR

Un ange !

La tendresse d'un miel où joue, caressant, un soyeux rayon de soleil. Diaphane, dorée, duveteuse, douceur chaude et légère, plume envolée de l'aile blonde d'un ange, et qui vous tisse un nid où la vie coule de source.

LE MODÈLE : *La douceur de ses paroles lui fit l'effet d'un baume apaisant.*
LE CONTRAIRE : *amertume.*

Mais c'est quand on a le plus besoin de ses amis que l'on s'écarte d'eux, parce qu'on a honte. C'est quand on a le plus besoin de parler de son mal qu'on se tait sur son mal, parce qu'on ne sait que lui.

PAUL GADENNE, *Les Hauts Quartiers*, © Seuil

DOULEUR

Aile noire

Un simple « l » oppose la douleur à la douceur. « L » comme lourd, comme légèreté envolée. Effleuré par l'aile noire du malheur, le cœur se fait sombre, pesant, comme courbatu. Il dansait, et voilà qu'il se traîne, accablé de désespérance.

LE MODÈLE : *Elle ressentit une grande douleur en découvrant le cadavre de son chat.*
LE CONTRAIRE : *bonheur.*

DOUTE

Point d'interrogation

À force de poser des questions, le doute vous donne une drôle de démarche. Un pas en avant, un pas en arrière, valse-hésitation. Il tourne en rond sur lui-même comme le signe « ? » qui se recourbe sur son point de départ pour s'assurer qu'il a pris la bonne direction. Si l'on en reste là, impossible d'avancer.

LE MODÈLE : *Le doute s'empara de lui et ne le lâcha plus.*
LE CONTRAIRE : *certitude.*

DURETÉ

Mur de glace

Se heurter à ce mur fait froid dans le dos. Rugueux, rébarbatif, aucune porte ne s'y ouvre. Un cœur de pierre où rien ne palpite, qu'aucune chaleur humaine n'habite.

LE MODÈLE : *La dureté de son regard le fit chanceler.*
LE CONTRAIRE : *douceur.*

D'où viennent les sentiments ?

Les sentiments ont cela de particulier qu'ils semblent toujours venir d'une partie de nous-mêmes que l'on ne connaît pas.
Existerait-il un organe du sentiment ? Est-ce qu'on naît avec des sentiments ?

•••

On ne sait pas très bien où situer les sentiments. Dans la Bible, quand Dieu veut savoir quels sentiments éprouvent ceux qui s'adressent à lui, il « sonde les reins et les cœurs ». Dans la tradition populaire, on place les sentiments dans le cœur, qui devient du même coup le symbole de l'amour.

Mais les sentiments pourraient tout aussi bien se trouver dans l'âme, dans l'esprit, dans les cellules, dans le cerveau avec la mémoire, la conscience... Une chose est certaine : il n'existe pas d'organe spécifique des sentiments. Le côté spontané des sentiments peut parfois paraître surprenant :

« Je ne connais vraiment pas cette fille-là, mais je m'en méfie, je ne l'aime pas ! »
« Je ne connais pas cet homme-là, pourtant, d'emblée je le trouve sympathique. »
Pourquoi les sentiments naissent-ils ainsi dans notre esprit ?
Les philosophes se sont beaucoup posé cette question.
Les sentiments sont-ils innés, imprimés en nous dès la naissance ou sont-ils acquis, imprimés en nous petit à petit ?
Il n'y a pas de réponse définitive à cette question.
Inné ou acquis, les deux ont probablement une part de vrai.
Il est possible que nous naissions tous avec la même capacité d'éprouver des • • •

sentiments. Mais, selon la situation, tout le monde ne réagit pas avec les mêmes sentiments et ne les exprime pas forcément.

Pour Freud (1856-1939), le fondateur de la psychanalyse, ce ne sont pas tellement les sentiments qui sont importants, mais plutôt la façon dont nos sentiments sont déterminés par notre petite enfance et par nos relations avec nos parents. Aujourd'hui, les psychologues ont pris le relais des philosophes dans la réflexion sur les sentiments. Ils s'occupent de soigner le désordre de notre affectivité.

E

ÉCHEC

Raté

L'impression de s'épuiser dans une course aux obstacles perdue d'avance ! Faute d'arriver à surmonter les difficultés, elles vous semblent de plus en plus hautes. Et l'on tombe de plus en plus bas dans les spirales d'un cercle vicieux.

LE MODÈLE : *Après avoir tout donné, elle éprouvait maintenant un sentiment d'échec.*
LE CONTRAIRE : *succès.*

EFFICACITÉ

Effet turbo

Le sentiment miracle qui abat la besogne à la tronçonneuse. Effet maximum pour un minimum d'efforts.

LE MODÈLE : *Le sentiment d'efficacité qu'elle affiche m'est insupportable.*
LE CONTRAIRE : *impuissance.*

EFFROI

Fatal fantôme

Un sentiment qui erre en vous comme un spectre dans les corridors d'une maison hantée. De quoi vous glacer le cœur et vous faire dresser les cheveux sur la tête.

LE MODÈLE : *Elle réalisa avec effroi que la porte ne fermait pas.*
LE CONTRAIRE : *audace.*

EFFRONTERIE

Provoc

Une qui n'a pas froid aux yeux. Une rebelle qui ne déteste pas se frotter aux ennuis. Une rose, toutes épines dehors, qui provoquerait un champ de chardons. Histoire de faire savoir qu'elle existe.

LE MODÈLE : *Elle savourait son effronterie avec délectation.*
LE CONTRAIRE : *sagesse.*

ÉGAREMENT

Labyrinthe

Ce sentiment en quête d'une issue de secours vient toujours se cogner à la porte des toilettes. La panique s'emmêle à l'humiliation. Mais où est donc passé le simple bon sens ?

LE MODÈLE : *Elle était dans un tel égarement qu'elle en oublia ma présence.*
LE CONTRAIRE : *sérénité.*

ÉGOCENTRISME

Moi, je...

Au centre d'une tour d'ivoire, deux fauteuils, face à face. « Moi » et « Je » s'y installent, tranquilles. Pour faire plus ample connaissance, commenter les événements du jour, prendre des décisions, se recentrer, se donner du courage, ou pleurer dans les bras l'un de l'autre. Un lieu absolument délicieux. À condition de l'aérer régulièrement. Un refuge très précieux. À condition de ne pas s'y mettre en prison.

LE MODÈLE : *Rien ne l'intéresse en dehors de lui-même, il est plein d'égocentrisme.*
LE CONTRAIRE : *altruisme.*

ÉGOÏSME

Moi d'abord !

Tout en haut d'une tour d'ivoire, un clocher. « Moi » y monte le plus souvent possible pour sonner les cloches. Afin que nul dans son entourage n'ignore qu'il a faim, soif, envie de ceci et de cela... Ledit entourage est prié de satisfaire ces envies au plus vite. Mais, de grâce, discrètement ! « Moi » a horreur d'être dérangé dans sa tour d'ivoire.

LE MODÈLE : *Elle fait toujours passer son intérêt avant celui des autres, elle est pur égoïsme.*
LE CONTRAIRE : *désintéressement, générosité.*

EMBARRAS

Malaise

L'embarras est une sorte de débarras où divers sentiments s'entasseraient, entre gêne et timidité. Pêle-mêle, ils se marchent sur les pieds, ne sachant plus qui doit passer devant.

LE MODÈLE : *Le caractère scabreux de la situation le plongea dans l'embarras.*
LE CONTRAIRE : *aise.*

ENCHANTEMENT

Conte de fées

Un plaisir qui a la pureté d'un diamant. La joie rutile. La vie prend une légèreté de rêve. Un magicien a transformé d'un coup de baguette toutes les orties de notre esprit en un joli bouquet de roses pensées. Nous flottons dans un rêve sans nuages, doux comme le bonheur.

LE MODÈLE : *Elle ressentait tout l'enchantement de cette musique.*
LE CONTRAIRE : *désenchantement.*

ENCROÛTEMENT

Tranche de vie rassie

Les petites habitudes collent à la peau comme une glaise qui englue des godasses. On se sent aussi frais et croustillant qu'un vieux quignon desséché !

LE MODÈLE : *Le sentiment d'encroûtement de son existence la désespérait.*
LE CONTRAIRE : *animation.*

ENGOUEMENT

Élan passager

Une passion aussi forte que fugace. Elle repart comme elle est venue, d'un coup.

LE MODÈLE : *Son grand amour n'était en fait qu'un engouement passager.*
LE CONTRAIRE : *dégoût.*

Et plus leurs cœurs se rapprochaient, plus ils s'appelaient avec cérémonie « monsieur » et « mademoiselle », plus aussi leurs regards se souriaient, se mêlaient ; et il leur semblait qu'une bonté nouvelle entrait en eux, une affection plus épandue, un intérêt à mille choses dont ils ne s'étaient jamais souciés.

GUY DE MAUPASSANT, *Une vie*

ENIVREMENT

Grisant !

L'alcool fort d'une grande joie vous monte à la tête. Ivre de bonheur, en plein délire, bonjour les dégâts ! Mais c'est tellement bon, cette exaltation qui vous fait perdre la raison !

LE MODÈLE : *Il connut enfin l'enivrement du succès.*
LE CONTRAIRE : *indifférence.*

ENNUI

Temps gris

Le monde s'agite autour de nous mais ne parvient pas à chasser la mollesse soudaine qui s'est emparée de notre esprit. Le temps qui passe nous lasse. Plus rien ne nous atteint. On est là mais on voudrait être ailleurs et pourtant on ne bouge pas. Un sentiment prison qui nous fait tourner en rond.

LE MODÈLE : *La conversation s'engluait au fil des heures et elle sentait l'ennui la gagner.*
LE CONTRAIRE : *amusement.*

ENTENTE

Bonne intelligence

Harmonie sur toute la ligne. Pas d'anicroche, pas de fausse note, pas de croc-en-jambe à redouter.

LE MODÈLE : *Leur attitude trahissait leur entente secrète*.
LE CONTRAIRE : *conflit.*

ENTHOUSIASME

Ballon gonflé

Avec ce vent-là en poupe, pas de doute, on déplace des montagnes ! Un simple déclic : une évocation, une bonne idée, un grand projet et c'est la bouffée d'oxygène qui réveille notre torpeur.

LE MODÈLE : *Dès qu'on lui parle cinéma, son enthousiame ne connaît pas de borne.*
LE CONTRAIRE : *indifférence.*

ENVIE

Miroir déformant

Dans le miroir de l'envie, les autres en ont toujours plus que nous. Du coup, on se sent horriblement frustré. Un sentiment encombrant, qui gâche la vie.

LE MODÈLE : *Son visage trahissait l'envie qui la dévorait.*
LE CONTRAIRE : *dégoût.*

ENVOÛTEMENT

Charme diabolique

Il y a de la sorcellerie là-dessous. Des philtres magiques, des chaudrons, des formules cabalistiques.
La volonté a perdu son pouvoir. Quelqu'un tire les ficelles et nous fait agir comme une marionnette. On erre dans la vie en somnambule, aimanté par une force mystérieuse, incapable de rompre le charme.

LE MODÈLE : *Il se laissait prendre à l'envoûtement de sa présence.*
LE CONTRAIRE : *exorcisme.*

ÉPANOUISSEMENT

Géant !

Le bouquet garni gigantissime qui fleure bon le bonheur, la liberté, la réussite. L'impression d'être un arbre qui touche les étoiles. Décrocher la lune ? Un jeu d'enfant !

LE MODÈLE : *Elle connaissait l'épanouissement de la maturité.*
LE CONTRAIRE : *dépérissement.*

ESPÉRANCE

Étoile du berger

Une lumière dans la nuit. Une étoile amie vous sourit et vous prend par la main. Un phare clignote aux portes de l'avenir.

LE MODÈLE : *Elle vit dans l'espérance de son retour.*
LE CONTRAIRE : *désespoir.*

ESTIME

Cadeau bien mérité

Est-ce une affection admirative ou une admiration affectueuse ? C'est en tout cas le cadeau que l'on aimerait faire à quelqu'un de bien pour lui dire tout le bien qu'on pense de lui. Tout simplement.

LE MODÈLE : *Il a beaucoup d'estime pour son gendre.*
LE CONTRAIRE : *mépris.*

ÉTONNEMENT

!!!

Un mot qui s'est usé. À l'origine, il roulait comme un coup de tonnerre dans un ciel serein. La foudre vous sciait littéralement en deux. D'où la survivance de l'expression familière : « Alors là, ça me scie ! » Aujourd'hui, l'étonnement n'est plus guère qu'un coup d'épingle qui pique la curiosité.

LE MODÈLE : *Elle l'observait avec étonnement se comporter comme s'il était chez lui.*
LE CONTRAIRE : *indifférence.*

ÉTRANGETÉ

Rêve éveillé

Bizarre, bizarre, cette impression ! Tout se mélange. Le connu et l'inconnu. Le jamais vu et le déjà vu. La vie se déroule comme un film au ralenti. Assis dans la salle obscure, vous observez cet étranger qui se démène en couleurs sur l'écran. Il vous ressemble comme un jumeau. C'est presque vous. Mais un vous qui se serait échappé de vous. Comment dire ? C'est justement cela qui est troublant.

LE MODÈLE : *Soudain il ressentit toute l'étrangeté de la situation.*
LE CONTRAIRE : *banalité.*

ÊTRE

« Je suis ! »

La vie est là. Tous les jours. Cela devient une habitude. Et comme on a mille choses à faire, on prend rarement le temps de s'arrêter pour se confirmer qu'on est bien en vie. Jusqu'au jour où ça vous tombe dessus, comme une lumineuse évidence : « J'existe ! » Quel prodige !

LE MODÈLE : *Devant ce majestueux panorama, j'éprouve un vif sentiment d'être.*
LE CONTRAIRE : *inexistence.*

EUPHORIE

Sur un petit nuage

Tout autour, rien que du bleu. Un bleu si bleu qu'on vole vers le bonheur tout en nageant dans le bien-être. Planant !

LE MODÈLE : *Elle vivait en pleine euphorie depuis qu'elle avait achevé son tableau.*
LE CONTRAIRE : *tristesse.*

ÉVIDENCE

Lumineux !

Avec la rapidité de l'éclair, l'évidence vous saute aux yeux. Le doute s'enfuit à toutes jambes. Tout devient clair. La solution est là, toute trouvée, tellement simple !

LE MODÈLE : *Il imposa sa présence comme une évidence.*
LE CONTRAIRE : *doute.*

EXAGÉRATION

Effet de loupe

Un sentiment qui fait de l'excès de zèle. Un maniaque de la multiplication. Il en fait trop ! Avec lui, le plus petit défaut devient obèse. Le moindre ennui tourne à la guerre nucléaire. À force de prédire le déluge à chaque ondée, il risque bien de se noyer dans une goutte d'eau.

LE MODÈLE : *Elle voyait bien toute l'exagération de sa conduite mais elle était incapable de se changer.*
LE CONTRAIRE : *modération.*

Haïr quelqu'un, c'est s'en inquiéter autant que si on l'aimait.

THÉOPHILE GAUTHIER, *Mademoiselle de Maupré*

EXALTATION

Toute-puissance

Propulsé par un lance-fusée, l'esprit décolle. À nous l'intensité cosmique, l'immensité des galaxies !

LE MODÈLE : *La lecture de certains poèmes la met dans un état d'exaltation intense.*
LE CONTRAIRE : *dépression.*

EXÉCRATION

La haine !

Rien, mais alors rien de positif là-dedans ! Détester, c'est bien peu de chose à côté... L'exécration nous empoigne avec violence, elle nous retourne le cœur. Une nausée abominable nous secoue. On vomirait pendant des heures, on se précipiterait à l'hôpital le plus proche pour un lavage d'estomac tant le dégoût que l'on éprouve est immonde. Même avec des pincettes, on ne toucherait pour rien au monde à ce que l'on exècre.

LE MODÈLE : *Il avait ses manières vulgaires en exécration.*
LE CONTRAIRE : *admiration.*

EXTASE

Merveille !

Ce ravissement absolu a quelque chose de surnaturel. Il vous transporte dans un autre monde. Vous ne touchez plus terre, vous devenez un pur esprit. Une bombe peut exploser, vous ne bougerez pas d'un cil, perdu que vous êtes dans une vision céleste.

LE MODÈLE : *Son baiser la transporta, elle était en pleine extase.*
LE CONTRAIRE : *horreur.*

F

FADEUR

Manque de sel

Rien de bien excitant. La vie manque de piment. On se sent terne, sans brio, sans originalité. Pour se remettre en appétit, il faudrait corser la grisaille. Un petit grain de folie, ou même quelques brins de chagrin feraient parfaitement l'affaire...

LE MODÈLE : *Elle était désespérée par la fadeur de son existence.*
LE CONTRAIRE : *excitation.*

FASCINATION

Fluide magnétique

L'impression de ne plus être qu'une épingle attirée par un aimant. Quelque chose ou quelqu'un nous aspire avec une force irrésistible. On ne s'appartient plus. On est comme une flèche vibrante sur un arc bandé à l'extrême, envoûtée par le cœur de la cible.

LE MODÈLE : *Elle contemplait le musicien avec toute la fascination de l'amateur devant le professionnel.*
LE CONTRAIRE : *indifférence.*

FATALITÉ

Mauvaise étoile

Pieds et poings liés, ligoté sous une échelle un vendredi 13, on se sentirait peut-être plus maître de son destin que sous cette mauvaise étoile. Avec elle, tout va de travers. Elle a décidé qu'on n'arriverait jamais nulle part. Pour exercer son influence néfaste, cette mauvaise coucheuse n'y va pas par quatre chemins. Elle chloroforme la volonté. Les coups du sort peuvent pleuvoir sans craindre la moindre résistance.

LE MODÈLE : *Elle pensait que ses malheurs successifs ne pouvaient être attribués qu'à la fatalité.*
LE CONTRAIRE : *chance.*

FATUITÉ

Orgueil couvert de ridicule

La fatuité ne se prend pas pour rien ! Elle interpelle familièrement le premier venu : « Eh, banane, radine ta fraise ! » Et là, elle étale ses salades. Elle vous expose en long, en large et en travers combien elle est admirable. Tout occupée à se passer de la pommade, elle n'imagine pas une seconde qu'elle risque de passer pour une pomme ! Ce qui, pourtant, ne manque pas d'arriver.

LE MODÈLE : *Il n'avait pas conscience de sa fatuité.*
LE CONTRAIRE : *modestie.*

FÉLICITÉ

Bonheur à foison

On se sent comme une abeille qui aurait tout un champ de bonheur à butiner. La joie est si vive, si vaste qu'on n'en verra jamais le bout. Cela vous fait rayonner de la tête aux pieds. Un sourire irrésistible vous habite. Un vrai rayon de soleil ambulant. De quoi contaminer tout votre entourage !

LE MODÈLE : *Délivrée de ses soucis, la félicité l'habitait tout entière.*
LE CONTRAIRE : *malheur.*

FERMETÉ

Force tranquille

La poigne d'une main de fer dans un gant de velours. Quelles que soient les circonstances, cette force ne se laisse ni abattre, ni corrompre. Courageuse et têtue, championne de la ligne droite, elle va son petit bonhomme de chemin, sans détours. Pour se faire respecter, elle n'a pas besoin de crier. Quand elle dit « non », c'est « non ! »

LE MODÈLE : *Il repoussa avec fermeté ses propositions malhonnêtes.*
LE CONTRAIRE : *faiblesse.*

FÉROCITÉ

Oiseau de proie

Ce rapace a des serres acérées pour mieux immobiliser ses victimes. Sitôt qu'il vous tient dans ses griffes, il vous lacère à coups de bec. Implacable, la férocité a un petit côté vampire. La vue du sang la met en appétit. Elle se régale du malheur d'autrui. Une cannibale qui nourrit sa joie de vivre de chair fraîche.

LE MODÈLE : *Elle lui assena ses vérités avec toute la férocité dont elle était capable.*
LE CONTRAIRE : *douceur.*

FERVEUR

Flamme ardente

Les grandes orgues dans une cathédrale tout illuminée de cierges. Avec ce sentiment, on se sent en odeur de sainteté. On pourrait vous jeter dans la fosse aux lions, vous brûler sur un bûcher... Votre ferveur est si forte, si pure que vous garderiez le même sourire émerveillé.

LE MODÈLE : *Il la défendit avec toute la ferveur de son amour.*
LE CONTRAIRE : *tiédeur.*

FIERTÉ

Sentiment inoxydable

Contrairement à la fatuité, la fierté n'en rajoute pas. Elle existe, point. Calomnie et médisance peuvent bien pleuvoir. Elle ne rouille pas. Elle met son point d'honneur à rester dans la juste mesure. Ni trop haut (où se situe l'orgueil), ni trop bas (où règnent la timidité ou la fausse modestie), elle sait se tenir à sa place.

LE MODÈLE : *Il regardait son fils réciter et sentait la fierté monter en lui.*
LE CONTRAIRE : *humilité.*

FLEMME

Paresse dodue

La flemme fait une bonne grosse sieste au soleil sous un grand sombrero. Ne lui demandez pas de penser, ça la fatigue ! Quant à agir, il ne saurait en être question. Pourquoi diable faire aujourd'hui ce que d'autres feront si bien demain à votre place ? Infiniment respectueuse du travail, la flemme le regarde de très loin. On peut compter sur elle : elle ne laissera pas la moindre empreinte digitale sur tout ce qui demande un effort !

LE MODÈLE : *La semaine allait être épuisante, elle éprouva soudain une grande flemme.*
LE CONTRAIRE : *excitation.*

FLOTTEMENT

Mal de mer

Quand on retrouve le « plancher des vaches » après une traversée en mer, la terre ferme nous donne l'impression bizarre d'onduler sous nos pieds. Face à la réalité, le flottement voit flou. Les décisions à prendre dansent devant nos yeux. Comme dans un rêve, on n'a pas vraiment de prise sur les choses.

LE MODÈLE : *Il remarqua un certain flottement quand il annonça son mariage.*
LE CONTRAIRE : *fermeté.*

— Je manquerai la personne que j'attends,

dit K. en hochant la tête...

— Vous la manquerez de toute façon,

que vous attendiez ou non, dit le Monsieur...

— Alors, j'aime mieux la manquer

en l'attendant, dit K.

KAFKA, *Le Château,* traduction A. VIALATTE, © Gallimard

FOLIE

Vertige

L'imagination a pris le pouvoir sur un coup de tête. Paniquée, la raison en a les yeux qui lui sortent de la tête. Le bon sens fait l'école buissonnière. C'est le grand n'importe quoi, tout sens dessus dessous. Complètement fêlé, le cerveau ne sait plus où donner de la tête. Les neurones font la java, les rires et les larmes s'en donnent à cœur joie. En plein déménagement, le cœur est tout en fouillis. Impossible de mettre la main sur le carton de sérieux. Il doit se trouver enfoui sous une collection de timbres. Un peu timbré, lui aussi.

LE MODÈLE : *Un vent de folie l'emporta subitement et il perdit pied.*
LE CONTRAIRE : *sérieux.*

FRATERNITÉ

Esprit de famille

Ici, on ne se sent pas tout nu quand on se laisse aller à des confidences. Cette sorte d'amitié favorise l'intimité. Elle ne porte pas de jugements parce qu'elle fonctionne à double sens. Chacun trouve en l'autre une oreille attentive, une épaule accueillante. On peut bien avouer une faiblesse, une bêtise, un échec...
Cela ne sortira pas de la famille !

LE MODÈLE : *Il aimait le climat de fraternité qui régnait dans leur petit groupe.*
LE CONTRAIRE : *inimitié.*

FRÉNÉSIE

Agitation violente

La frénésie évoque les drôles de personnages qui se propulsent à toute allure dans les dessins animés. « Bip-bip », et les voilà repartis dans un nuage de poussière...
Avec elle, on court toujours. On a le sentiment permanent qu'on risque de rater le dernier train. Tonique, mais épuisante !

LE MODÈLE : *En découvrant sa mission, elle sentait monter en elle une grande frénésie.*
LE CONTRAIRE : *modération.*

FROIDEUR

Indifférence glacée

Au congélateur, ce sentiment conserve indéfiniment ses propriétés. À moins d'un coup de foudre qui provoque le dégel, il affectionne les températures négatives. L'affection, la tendresse, le rire, la compréhension, la compassion, la passion ou la simple chaleur humaine... tout ça, pour lui, c'est du chinois !

LE MODÈLE : *Elle supportait mal la froideur de ses propos.*
LE CONTRAIRE : *chaleur.*

FRUSTRATION

Privé de dessert !

Horriblement déçu, déshydraté, le cœur tout ridé se recroqueville en peau de chagrin. Il ne demandait pas la lune, pourtant ! Juste une douce pluie. Eh bien, non ! C'est la grande sécheresse, injuste, imméritée. On en pleurerait, comme un bébé affamé privé de biberon.

LE MODÈLE : *Privée d'affection, elle ressentait la frustration des exclus.*
LE CONTRAIRE : *satisfaction.*

G

GAIETÉ

Humeur rose

La gaieté arrive comme une fleur. Pas compliquée, toute rose de plaisir, elle sourit à la vie. Et la vie lui sourit en retour. Toute blonde et bouclée, elle a des joues rondes, de grands yeux clairs, des mollets dodus. Elle porte des vêtements légers, colorés. Elle ne marche pas, elle danse ! Elle siffle, elle chante, elle rit. Quelle délicieuse enfant !

LE MODÈLE : *Elle a des accès de gaieté bienfaisants.*
LE CONTRAIRE : *mélancolie.*

GAUCHERIE

Charme pataud

Dans la famille des sentiments, la gaucherie se sent le vilain petit canard de la couvée. Emprunté, mal à l'aise, il ne sait pas trop quoi faire de lui. Il se dandine d'un pied sur l'autre, rougit pour un rien, bafouille. Ce timide est terrorisé par la peur du ridicule. Sous le regard d'autrui, il lui semble que toute grâce l'abandonne. Pourtant, sa maladresse touchante peut lui donner un charme attendrissant.

LE MODÈLE : *Ils furent touchés par sa gaucherie.*
LE CONTRAIRE : *aisance.*

GÊNE

Pauvre bête !

La gêne ne se met jamais les doigts de pieds en éventail. Mal dans ses baskets, elle a les orteils tout recroquevillés d'embarras. Cette situation inconfortable lui donne un peu mal au cœur. Toute chiffonnée, elle n'ose pas vous regarder droit dans les yeux. Elle se trémousse, rit bêtement, et se sent un peu godiche.

LE MODÈLE : *Elle éprouvait une certaine gêne à évoquer son passé.*
LE CONTRAIRE : *assurance.*

GÉNÉROSITÉ

Bonté à revendre

Le panier de la générosité déborde de richesses. Toujours prête à donner un coup de main, cette gentille ne fait pas le détail. Elle a le cœur gros comme une maison. Elle vous rend des tonnes de services, vous distribue des milliards de bisous, tout ça pour pas un rond. Un amour !

LE MODÈLE : *La générosité imprègne tous ses gestes.*
LE CONTRAIRE : *avarice.*

GENTILLESSE

Aimable lutin

Douce et délicate, tout sourire, la gentillesse cède bien volontiers sa place dans l'autobus. Elle essuie la vaisselle en chantant, vous tient la porte et veille à ne jamais vous marcher sur les pieds. C'est une grande fée toute simple. Mignonne à croquer. D'ailleurs, il arrive qu'on la prenne pour une poire.

LE MODÈLE : *Il abuse sans cesse de sa gentillesse.*
LE CONTRAIRE : *méchanceté.*

GRATITUDE

Oh ! merci !

La gratitude ne trouvera jamais de mots assez gentils pour exprimer combien on lui a fait plaisir. Elle est contente, mais contente ! Elle vous sauterait bien au cou. Si elle est timide, son regard vous délivre dix mille milliards de mercis à la seconde.

LE MODÈLE : *Elle ne savait comment lui exprimer sa gratitude.*
LE CONTRAIRE : *ingratitude.*

GRAVITÉ

On ne plaisante pas !

Habillée strict, l'air solennel, la gravité connaît le poids des choses importantes. Dans un cimetière, elle affiche le masque affligé de la douleur. Pendant un cours, attentive et concentrée, elle porte l'uniforme du parfait élève. Au jeu d'échecs, elle surveille son fou comme du lait sur le feu. En amour, elle ne badine pas.

LE MODÈLE : *Le regard de la fillette était plein d'une douloureuse gravité.*
LE CONTRAIRE : *légèreté.*

H

HAINE

Meilleurs vœux de malheur !

La haine a mauvaise haleine et l'œil mauvais. Toujours prête à tirer son couteau à cran d'arrêt de sa poche revolver, elle trimballe de violentes envies de vengeance. Autant l'amour vous fait souhaiter tout le bonheur du monde à l'élu de votre cœur, autant la haine veut tout le mal possible à son ennemi intime. Son vif plaisir ? Que ses victimes se cassent la gueule, toutes seules. Là, la haine boit du petit lait !

LE MODÈLE : *Il lui vouait une haine inextinguible depuis l'enfance.*
LE CONTRAIRE : *amour.*

HANTISE

Idée fixe et sans-gêne

Cette idée-là est fixée dans notre tête avec un adhésif à toute épreuve. Elle n'a pourtant rien de franchement rigolo. C'est une peur qui s'accroche, un mauvais souvenir qui s'incruste, un souci qui ne vous lâche pas les baskets, une pensée désagréable qui refuse avec la dernière énergie de s'en aller. Cette mal-élevée manque complètement de savoir-vivre. Vous lui claquez la porte au nez, elle rentre par la fenêtre des rêves ! Un cauchemar très collant.

LE MODÈLE : *Il vivait dans la hantise de son crime.*
LE CONTRAIRE : *oubli.*

Toujours en silence, toujours infiniment correct comme il convient, je te provoque avec une grande satisfaction. Je te cause, Folcoche, m'entends-tu ? Oui, tu m'entends. Alors je vais te dire : « T'es moche ! Tu as les cheveux secs, le menton mal foutu, les oreilles trop grandes. T'es moche, ma mère. Et si tu savais comme je ne t'aime pas ! Je te le dis avec la même sincérité que le « va, je ne te hais point » de Chimène, dont nous étudions en ce moment le cornélien caractère. Moi, je ne t'aime pas. Je pourrais te dire que je te hais, mais ça serait moins fort.

HERVÉ BAZIN, *Vipère au Poing*, © Grasset

HARGNE

Mauvais poil persistant

La hargne grogne comme un affreux petit roquet, un de ces chiens grincheux qui trouvent le moyen de râler tout en déchiquetant le bas de votre jean, et en levant la patte sur vos baskets neuves.
C'est un sentiment qui s'est levé du pied gauche. Un rien lui hérisse le poil. Il n'en faut pas beaucoup pour que cette humeur massacrante vire à la colère haineuse.

LE MODÈLE : *Avec quelle hargne elle s'est défendue !*
LE CONTRAIRE : *amabilité.*

HARMONIE

Arc-en-ciel

Lorsqu'on se sent en harmonie — avec soi-même, avec les autres, avec le monde entier — on éprouve une sensation de radieuse plénitude. Auréolé de sentiments positifs dont les nuances s'accordent et se complètent à merveille, l'être s'épanouit, se déploie. Aussi diaphane qu'un arc-en-ciel, il tient dans ses bras des espaces immenses. La vie, lavée par une rosée d'aurore, resplendit comme au premier matin du monde.

LE MODÈLE : *Ils vivent en parfaite harmonie.*
LE CONTRAIRE : *discorde.*

HÉSITATION

« J'y va-t-y, j'y va-t-y pas ? »

Un sentiment qui saute à cloche-pied, qui joue à pile ou face, sans trop savoir s'il est pour « pile » ou pour « face ». Sur sa petite balance, il pèse le pour, il pèse le contre. Il recommence, vérifie que la balance est bien réglée. Il se donne un mal fou. Comment voulez-vous qu'il se lance dans l'action ?

LE MODÈLE : *Invitée à deux endroits en même temps, elle était pleine d'hésitation.*
LE CONTRAIRE : *assurance.*

HILARITÉ

Gorge déployée

Les amygdales adorent l'hilarité qui leur donne l'occasion de sortir de l'ombre. Pendant que tout le monde se tord de rire, à gorge déployée, les amygdales prennent le frais. Par-dessus le balcon des dents, elles contemplent avec ravissement le monde extérieur qui se révèle d'une drôlerie irrésistible.

LE MODÈLE : *Son accoutrement grotesque déclencha l'hilarité générale.*
LE CONTRAIRE : *chagrin.*

HONNEUR

Sans peur et sans reproche

Chevalier incorruptible, l'honneur marche seul, en pleine lumière et sans lunettes de soleil. Il n'a qu'une parole et ne la reniera pas, même sous la torture. Ce sentiment unique a quelque chose de très singulier : il n'a peur de rien, sauf de son pluriel. L'honneur fuit les honneurs. Il sait qu'il est perdu si on l'achète.

LE MODÈLE : *Sa conduite lui fut dictée par son sens de l'honneur.*
LE CONTRAIRE : *honte.*

HONTE

Horrible confusion

L'oreille basse, l'œil fuyant, le front cramoisi, les joues écarlates, le cœur battant à tout rompre, les jambes flageolantes... la honte ne sait plus où se mettre. Elle se sent mal, mais mal !

LE MODÈLE : *Tout à coup il eut honte de son geste et le rouge lui monta au visage.*
LE CONTRAIRE : *honneur.*

« J'ai une maison, dit l'homme, qui avait remarqué le mouvement de Jacquemort et souriait. On me donne à manger. On me donne de l'or. Beaucoup d'or. Mais je n'ai pas le droit de le dépenser. Personne ne veut rien me vendre. J'ai une maison et beaucoup d'or, mais je dois digérer la honte de tout le village. Ils me paient pour que j'aie des remords à leur place. De tout ce qu'ils font de mal ou d'impie. De tous leurs vices. De leurs crimes. De la foire aux vieux. Des bêtes torturées. Des apprentis. Et des ordures. »

BORIS VIAN, *L'Arrache-cœur*, Christian Bourgois

HORREUR

Monstre hideux et grimaçant

Les cheveux se dressent sur la tête, la chair de poule hérisse chaque millimètre de peau et, comme si ces phénomènes ne suffisaient pas, tout cela s'accompagne d'un sinistre grincement de dents. L'horreur dégouline de sang, elle bave, elle tremble, hurle et se contorsionne. Elle ne pourra pas supporter une seconde de plus la vue de ce qui a provoqué ce cataclysme.

LE MODÈLE : *Elle détaillait avec horreur les plaies du lépreux.*
LE CONTRAIRE : *admiration.*

HOSTILITÉ

Conflit armé

Environnée de fil de fer barbelé, hérissée de tessons de bouteille, l'hostilité se tient prête à tirer sans sommations sur tout ce qui bouge. Même les drapeaux blancs de la paix lui semblent suspects.

Quand on la rencontre, on a le plus grand mal à l'amadouer. Ses réflexes de défense, commandés par ordinateur, restent bloqués en permanence sur la position d'alerte rouge.

LE MODÈLE : *Il la sentait pleine d'hostilité à son égard et ne savait comment l'amadouer.*
LE CONTRAIRE : *bienveillance.*

HUMANITÉ

Bienveillance générale

S'il y avait plus d'humanité dans le monde, on pourrait rayer le mot « guerre » des dictionnaires. Dans toutes les langues. L'humanité aime l'homme. Elle lui veut du bien.

LE MODÈLE : *Il y a tant d'humanité dans ce film, on ne peut qu'être d'accord.*
LE CONTRAIRE : *inhumanité.*

HUMILIATION

Blessure interne

On peut bien vous humilier publiquement, c'est à l'intérieur que ça saigne. Le « moi » se recroqueville sur lui-même, tout au fond. Il baisse le front, à la fois honteux et furieux de cet affront.

LE MODÈLE : *Elle reçut son refus de plein fouet et en ressentit une terrible humiliation.*
LE CONTRAIRE : *flatterie.*

HUMILITÉ

Orgueil mis au coin

L'humilité rabat son caquet à l'orgueil. Elle le coiffe d'un bonnet d'âne et l'envoie au coin. Couché ! Sitôt l'autre imbécile mis hors d'état de se pavaner, elle vous regarde avec un petit air modeste, consciente de sa juste valeur : si peu de chose !

LE MODÈLE : *Il annonça ses résultats avec beaucoup d'humilité.*
LE CONTRAIRE : *vanité.*

HYPOCONDRIE

Maniaque du thermomètre

Ce sentiment-là n'a pas de santé, le pauvre. Il se lève avec une angine carabinée, trimballe toute la journée un cancer du poumon en phase terminale et se couche avec le sida. Il s'ausculte, se palpe, prend sa température toutes les cinq minutes, sans oublier de vérifier si son cœur n'aurait pas par hasard encore raté un battement...

Son livre de chevet : un dictionnaire médical. Pas question pour lui de rater une crise de spasmophilie, d'asthme aigu ou de tétanie. Il a un mal fou à tenir à jour le compte de ses maladies. Et, naturellement, nul ne le prend au sérieux. Il lui faut, en plus, assumer tout seul la grande déprime des éternels incompris. Pas de chance, vraiment !

LE MODÈLE : *Son hypocondrie est telle qu'il n'ose entreprendre aucun voyage, terrorisé à l'idée d'attraper une maladie.*
LE CONTRAIRE : *bien-être.*

HYPOCRISIE

Grande comédienne

Quel talent ! Elle vous fait son cinéma sur sa petite scène de théâtre. L'œil innocent, drapée dans des costumes cousus de fil blanc, elle vous interprète tous les registres avec une sincérité parfaitement imitée. Mais attention, pas question pour elle de jouer les méchants ! Elle préfère se donner le beau rôle. À quoi bon cette comédie, sinon ?

LE MODÈLE : *Il était dégoûté par son hypocrisie, c'était pourtant le seul moyen pour lui de réussir.*
LE CONTRAIRE : *sincérité.*

Qu'est-ce qu'un sentiment ?

Quels mots seraient capables d'expliquer complètement l'amour, la haine, la joie, le bonheur, la tristesse, la fierté, la honte... Qu'est-ce qu'un sentiment, une sensation, une émotion ? Pas facile de définir les sentiments...

• • •

Un sentiment, c'est évident pour celui qui l'éprouve. Mais expliquer ce qui se passe est une autre affaire !
Les écrivains, les philosophes, les psychologues ont essayé, chacun à sa façon.
Ce n'est pas simple.
Un sentiment, c'est plus qu'une sensation, même si le mot « sentiment » vient de « sentir ».

En effet dans le sentiment nos cinq sens ne sont pas les acteurs principaux. Ils ne font que percevoir l'ambiance extérieure, alors que les sentiments sont tournés vers ce qui se passe à l'intérieur de nous. Pour extérioriser les sentiments il faut exprimer ce que l'on ressent.

D'abord on intériorise, ensuite on exprime. Dans le cas d'une amitié déçue par exemple, il y a d'abord le choc ressenti et, à l'intérieur, la déception, la tristesse ou la révolte. Et plus tard l'expression ou non de ces sentiments.

Les sentiments ne sont pas figés, ils évoluent avec le temps, selon les événements. La déception peut s'estomper, la tristesse s'atténuer... L'ami est oublié, un autre le remplace, la vie continue.
Le sentiment est différent de l'émotion qui, elle, est immédiate, explosive et instable. Le sentiment s'installe un moment, il est stable, même s'il évolue. C'est un état affectif. • • •

Le sentiment peut aussi ressembler à une intuition, cette intuition qui nous fait dire « j'ai le sentiment qu'ils sont faits pour s'entendre » sans que l'on puisse expliquer pourquoi. Ce genre d'idée ne naît pas d'un raisonnement ou d'un savoir particulier mais plutôt d'une connaissance immédiate, d'une intuition.

Pour Pascal (1623-1662), le sentiment est même une « vue immédiate et naturelle », une intuition qui nous mettrait en contact avec des réalités profondes, l'infini, l'absolu et qui nous permettrait d'accéder à des valeurs spirituelles comme l'Amour, l'Espoir, la Foi en Dieu...

Quand on dit « c'est mon sentiment », sous-entendu « c'est bien ce que je pense, c'est mon opinion », le sentiment devient jugement. C'est dans ce sens que Descartes (1596-1650) écrit dans *Le Discours de la méthode* : « Tous ceux qui ont des sentiments fort contraires aux nôtres ne sont pas pour cela barbares ni sauvages. »

I

IDOLÂTRIE

Adoration béate

L'œil parfaitement idiot, l'idolâtrie se prosterne devant ses idoles, naturellement. Elle leur baise les pieds, collectionne avec passion leurs vieux mouchoirs en papier usagés, respire avec délices l'air, même pollué, qui a franchi leurs narines dans les deux sens.

LE MODÈLE : *Elle le dévorait des yeux avec l'idolâtrie de la groupie pour son chanteur favori.*
LE CONTRAIRE : *haine.*

IGNOMINIE

Honte absolue

Autrefois, on installait un pilori sur la place publique. On y attachait les bandits de grands chemins, les sorcières, tous ces gens sans foi ni loi qui avaient mérité mille morts à force de se mal conduire.
L'ignominie, c'est ça. Une torture morale, un sentiment de honte intégral.

LE MODÈLE : *Il était atterré par l'ignominie de leur comportement.*
LE CONTRAIRE : *honneur.*

IMPATIENCE

Fourmis dans les jambes

Ça chatouille et ça gratouille tellement que les secondes durent des heures. Plus vite, plus vite ! L'impatience n'a que ces mots à la bouche.

LE MODÈLE : *Elle le pressait de questions avec une impatience mal contenue.*
LE CONTRAIRE : *patience.*

IMPOSTURE

Cherchez l'erreur !

Attention, l'erreur est voulue, préméditée ! Si le geai se pare des plumes du paon, il ne le fait pas par distraction. Il a la ferme volonté de vous rouler dans la farine, de vous faire prendre des vessies pour des lanternes, des oies pour des canards sauvages...

LE MODÈLE : *Le sentiment de son imposture le rongeait mais il n'osait se dénoncer.*
LE CONTRAIRE : *authenticité.*

IMPUDEUR

Tout nu dans la foule

L'impression dérangeante d'avoir oublié de s'habiller avant de sortir. Ou le malaise de se trouver nez à nez avec quelqu'un qui fouille dans vos petites affaires. Ou encore l'envie de choquer, qui vous pousse à déballer vos sentiments les plus intimes sur la place du marché. Cela manque de secret, de réserve, de retenue.

LE MODÈLE : *Elle lui dévoila avec impudeur ses secrets les plus intimes.*
LE CONTRAIRE : *pudeur.*

INCOMPÉTENCE

Pas doué

On se sent aussi dégourdi qu'une poule qui aurait trouvé un couteau, l'esprit aussi vif que celui d'une vache qui regarde passer un train. On n'a pas le mode d'emploi.

LE MODÈLE : *Ils étaient si forts, si parfaits, elle ressentit soudain toute son incompétence.*
LE CONTRAIRE : *compétence, efficacité.*

INCOMPLÉTUDE

Symphonie inachevée

Il manque toujours un petit quelque chose, un je ne sais quoi qui nous laisse sur notre faim. Impossible de venir à bout d'une pensée, de dire vraiment ce que l'on a sur le cœur. On se sent comme un tricot encore suspendu à son aiguille, avec la pelote qui pend et un chat qui joue avec.

LE MODÈLE : *Elle mesurait bien l'incomplétude de ses pensées sans réussir à les préciser.*
LE CONTRAIRE : *achèvement.*

INCOMPRÉHENSION

Volet fermé

La lumière ne passe pas. Personne ne vous comprend, ou bien c'est vous qui ne comprenez rien à rien.

LE MODÈLE : *L'incompréhension de ses parents la laissa toute désemparée.*
LE CONTRAIRE : *compréhension.*

INDIFFÉRENCE

Ni froid ni chaud

Un sentiment du genre neutre. Plat comme une carpette, muet comme une carpe. Mou. Terne. Sans ressort.

LE MODÈLE : *Il n'avait qu'indifférence pour ses démonstrations d'amitié.*
LE CONTRAIRE : *intérêt.*

INDIGNATION

Sursaut

L'injustice qui vous fait sortir de vos gonds. La bonne grosse colère qui se lève d'un bond. Le « non, pas question ! » qui franchit vos lèvres sans avoir pris le temps de tourner sept fois la langue dans votre bouche.

LE MODÈLE : *Elle ne put contenir son indignation devant l'incompétence manifeste du jury.*
LE CONTRAIRE : *approbation.*

Qui s'affecte d'une insulte, s'infecte.

JEAN COCTEAU, *Journal d'un inconnu,* © Grasset

INDIGNITÉ

Pas à la hauteur

Dans le miroir de notre âme ou dans le regard des autres, on aperçoit soudain une image de nous très moche, très honteuse, pas acceptable du tout. Alors on se ratatine de l'intérieur, on se donne des coups pour se punir de ne pas être à la hauteur de ce qui se passe à l'extérieur.

LE MODÈLE : *Elles l'avaient toutes rejetée, elle repartit avec le sentiment de son indignité.*
LE CONTRAIRE : *dignité.*

INDULGENCE

Mamie gâteau

Accueillante, patiente, l'indulgence a une poitrine généreuse contre laquelle se blottir quand on a quelque chose à se faire pardonner. La bonne grand-mère des pots de confiture qui ne vous privera jamais de dessert. Pour elle, les mauvaises actions, les gros défauts ont un fondant de péché mignon.

LE MODÈLE : *Elle lui pardonna son oubli avec l'indulgence qui lui était coutumière.*
LE CONTRAIRE : *sévérité.*

INFAMIE

Crime crapuleux

Visible comme une énorme affiche publicitaire. Qui clignote, en gros et en rouge, son honteux message : « Sale mec ! »

LE MODÈLE : *Il était bouleversé par l'infamie des accusations portées contre lui.*
LE CONTRAIRE : *noblesse.*

INHUMANITÉ

Sans cœur

Pas de pitié, pas de douceur. Une dureté implacable. La grande sécheresse. L'ère glaciaire dans un désert torride.

LE MODÈLE : *Les médecins se désolaient de l'inhumanité des conditions de détention des prisonniers.*
LE CONTRAIRE : *humanité.*

INIMITIÉ

Négatif de l'amitié

Absence d'envie d'aimer qui tendrait plutôt vers l'envie de détester. Même le mot n'est pas beau ! Trop de *i*, trop de points sur les *i* qui disent nettement et avec insistance le choix têtu de ne pas aimer.

LE MODÈLE : *Depuis la trahison de son ami, il avait pour lui un profond sentiment d'inimitié.*
LE CONTRAIRE : *amitié.*

INQUIÉTUDE

Agitation confuse

Ce n'est pas tout à fait de l'angoisse, mais il s'en faut de peu. L'esprit s'agite dans son petit cagibi, il ne tient pas en place, il sursaute au moindre bruit. Incapable de fermer l'œil, il compte des moutons qui ont de drôles de têtes d'araignée.

LE MODÈLE : *Son fils tardant à rentrer, elle sentait l'inquiétude la gagner.*
LE CONTRAIRE : *insouciance.*

INSATISFACTION

Pas content

Il y a comme un petit creux en nous qui sonne vide. La housse des désirs est bien trop grande. Les deux ou trois plumes de plaisir dont on dispose s'y perdent. Un édredon tout gonflé, voilà ce qu'il nous faut. Mais ce petit coussin raplapla, à côté, a l'air minable.

LE MODÈLE : *Elle est rongée par l'insatisfaction.*
LE CONTRAIRE : *plénitude.*

INSÉCURITÉ

Escalier sans rampe

Une bougie dans le vent. Un bateau en pleine mer, sans bouée de sauvetage. Un vélo dans la nuit, avec des freins mal en point et un phare en panne. Tous les dangers sont permis. La peur est là. Mais on ne sait pas de quoi elle a peur. Et ça, ça fait vraiment peur !

LE MODÈLE : *Ce quartier dégageait un sentiment d'insécurité difficile à supporter pour elle.*
LE CONTRAIRE : *sécurité.*

INSENSIBILITÉ

Anesthésie

Bizarre, ce sentiment qui ne sent rien. Qui sent seulement qu'il ne sent rien. Comme quand on sort de chez le dentiste, tout encombré d'une joue « en bois », indifférente au froid et au chaud, au toucher, à la douleur... On a envie de la pincer, de la griffer, de la gifler pour la sortir de son état de Belle au bois dormant.

LE MODÈLE : *Il est resté complètement insensible à son charme.*
LE CONTRAIRE : *sensibilité.*

INSIGNIFIANCE

Aucun intérêt !

Un nain, un vermisseau, un moucheron, une toute petite chose, voilà ce qu'on est. Pas tout à fait un moins que rien, mais pas loin !

LE MODÈLE : *L'insignifiance du personnage le surprit.*
LE CONTRAIRE : *importance.*

INSOLENCE

Débordement d'audace

Une mouche nous pique et nous voici prêt à défier le monde entier. Une guêpe ivre avec des gants de boxe qui saute sur le ring et balance les poings dans tous les sens. Un swing du droit, un crochet du gauche, qu'est-ce qu'on s'amuse !

LE MODÈLE : *La bêtise de ses cousins fit monter en elle un désir d'insolence.*
LE CONTRAIRE : *humilité.*

INSOUCIANCE

Légèreté étourdie

Un problème ? Quel problème ? L'insouciance aime rire, et chanter, et danser... Une cigale qui ne veut pas entendre parler de l'hiver. Que les fourmis entassent des corn-flakes dans leurs greniers ! La cigale a la pêche et entend bien en profiter.

LE MODÈLE : *Délivrée de la surveillance familiale, elle se promenait avec une délicieuse insouciance.*
LE CONTRAIRE : *inquiétude.*

INSOUMISSION

En état de rébellion

Mutinerie à bord, la discipline jetée à la mer, l'obéissance se révolte. Aux armes, citoyens !

LE MODÈLE : *À l'injustice de la sanction, ils répondirent par l'insoumission.*
LE CONTRAIRE : *soumission.*

C'est étonnant comme la jalousie,
qui passe son temps à faire des petites
suppositions dans le faux,
a peu d'imagination quand il s'agit
de découvrir le vrai.

MARCEL PROUST, "Albertine disparue",
À la recherche du temps perdu

INSUFFISANCE

Médiocrité

À l'intérieur, c'est le tiers monde. L'intelligence, la culture, l'enthousiasme ne dépassent pas la taille d'un grain de riz. Le courage crie famine. La bonne volonté a attrapé le choléra. On se sent un peu cancre, sur la mauvaise pente, pas bien fier de soi.

LE MODÈLE : *Il ressentait toute son insuffisance face aux athlètes qui l'entouraient.*
LE CONTRAIRE : *suffisance.*

INTIMITÉ

Cœur à cœur

Opération à cœur ouvert : ambiance feutrée, confiance absolue. On vous a laissé entrer et vous ne voulez plus partir. Vous êtes si bien ! Faites comme chez vous.

LE MODÈLE : *Elle aimait l'atmosphère de douce intimité qui régnait dans cette pièce.*
LE CONTRAIRE : *extériorité.*

INTOLÉRANCE

Voie à sens unique

Une ruelle très étroite, avec juste la place pour laisser passer nos idées. Et encore, de petites idées, racornies, rabougries. Les idées des autres ? Qu'elles aillent jouer plus loin !

LE MODÈLE : *Ces gens sont d'une intolérance révoltante, ils ne supportent pas la différence.*
LE CONTRAIRE : *tolérance.*

INUTILITÉ

À quoi bon ?

On se sent comme un kilo de pommes de terre, une année de surproduction. De quoi on a l'air ? À quoi on sert ?

LE MODÈLE : *Il ne savait à quoi s'occuper et son inutilité lui pesait terriblement.*
LE CONTRAIRE : *utilité.*

ISOLEMENT

Mur invisible

L'isolement se promène dans la foule. Mais comme un fantôme. Un mur invisible le sépare du monde des vivants. Une cage de verre, une glace sans tain. On y voit tout, mais personne ne vous voit.

LE MODÈLE : *Il appréhendait le sentiment d'isolement qui allait s'emparer de lui à l'étranger, étant donné qu'il ne parlait pas la langue.*
LE CONTRAIRE : *communion.*

J

JALOUSIE

Vieille comme le monde

Une créature étrange, un animal préhistorique. Une espèce d'anthropopithèque qui tiendrait de la fouine et du tigre, avec des dents de lapin (pour mieux vous ronger, mon enfant !), un bec de rapace (pour vous déchirer les entrailles), des yeux de lynx (pour détecter la trahison à cent lieues à la ronde). Ajoutez un cœur énorme qui bat à trois cents à l'heure, des poils tout hérissés, des antennes en folie. Sans oublier un aiguillon chargé de venin (pour se venger, bien sûr !).

LE MODÈLE : *Depuis qu'elle avait surpris leurs regards complices, elle était dévorée de jalousie.*
LE CONTRAIRE : *indifférence.*

JOIE

Pluie de confettis

La fête ! Exubérante, joliment contente, la joie aime chanter et danser, courir et bondir, rire et sourire. Emportée par son élan, il lui arrive même de pleurer !

LE MODÈLE : *Enfin vainqueur ! Il en pleurait de joie.*
LE CONTRAIRE : *tristesse.*

JOUISSANCE

Gourmande futée

La jouissance sait ce qui est bon. Elle prend tout son temps pour en profiter. Elle caresse son plaisir du regard, le hume, le touche, le savoure d'avance. Quand, enfin, elle prend sa fourchette et son couteau pour attaquer ce régal, elle déguste chaque bouchée. Longtemps après, ses papilles en restent tout émoustillées.

LE MODÈLE : *Depuis longtemps elle n'avait ressenti une telle jouissance dans la danse ; elle en fut bouleversée.*
LE CONTRAIRE : *abstinence.*

Il y a

dans la jalousie

plus

d'amour-propre

que d'amour.

LA ROCHEFOUCAULT, *Maximes*

JUBILATION

Joie qui se frotte les mains

Les yeux pétillants de plaisir, la jubilation annonce clairement la couleur. Enchantée, ravie, elle meurt d'envie de vous raconter ce qui la réjouit. Elle est bien trop contente ! Pas question de garder pour elle seule cette humeur délicieuse.

LE MODÈLE : *La jubilation se peignait sur son visage.*
LE CONTRAIRE : *chagrin.*

JUSTESSE

2 + 2 = 4

L'impression très agréable de coller parfaitement à la réalité. Le confort que l'on éprouve à se glisser dans des vêtements parfaitement à notre taille. On agit, on réagit, avec la précision d'une clé qui s'emboîte à merveille dans sa serrure.

LE MODÈLE : *Il fut frappé par la justesse de ses arguments.*
LE CONTRAIRE : *fausseté.*

L

LANGUEUR

Paresse romantique

Mollement allongée sur un canapé, la langueur caresse d'une main lasse des rêves flous. Une douce tristesse lui tisse un cocon confortable. À quoi bon s'agiter ? Elle se sent à l'abri, comme une marmotte à demi endormie qui prend ses quartiers d'hiver dans son terrier moelleux.

LE MODÈLE : *À l'approche de l'automne, elle sentait une douce langueur l'habiter.*
LE CONTRAIRE : *excitation.*

LASSITUDE

Fatigue générale

Une fleur fanée : tige molle, feuilles tombantes, pétales avachis. Sans sève, sans parfum, elle se moque bien de séduire. Elle n'a plus qu'une envie, dormir !

LE MODÈLE : *À bout d'arguments, il accepta avec lassitude son offre.*
LE CONTRAIRE : *enthousiasme.*

LÉGÈRETÉ

Apesanteur

Un cosmonaute qui flotte dans l'espace, avec l'aisance d'un flocon, sans se cogner nulle part. Un papillon qui butine une fleur après l'autre, sans jamais s'attacher à aucune. Un peu superficielle, un poil cœur d'artichaut.

LE MODÈLE : *Après l'avoir quitté, elle fut surprise de la légèreté qui gagnait peu à peu son cœur.*
LE CONTRAIRE : *gravité.*

LIBERTÉ

Espace sans limites

Une nomade aux pieds nus qui vit à la belle étoile. Une sauvageonne à la souplesse de liane qui se glisse entre les barreaux des prisons. Une sirène qui se coule entre les mailles des filets. Aucun chasseur ne saurait la capturer, aucun tyran n'a le pouvoir de la réduire en esclavage. Comme l'air, la liberté échappe à tous les pièges.

LE MODÈLE : *Enfin en vacances, elle jouissait de sa liberté retrouvée.*
LE CONTRAIRE : *contrainte, fatalité.*

LIESSE

Joie multipliée

Sous les deux « s » de la liesse naissent des sourires en foule. Cette joie bon enfant augmente quand on la partage.

LE MODÈLE : *Une foule en liesse envahit les rues.*
LE CONTRAIRE : *tristesse.*

LUCIDITÉ

Regard perçant

La lucidité n'a pas peur d'appeler un chat un chat. Elle ne confond pas les torchons et les serviettes. Elle n'embellit rien, ne noircit rien. Cette grande lumière fonctionne souvent par éclairs. Pour se reposer la vue, on a parfois besoin de rouler en veilleuse.

LE MODÈLE : *Sa lucidité la tira sans ménagements de ses rêves.*
LE CONTRAIRE : *aveuglement.*

M

MAJESTÉ

Grandeur

Comme son nom l'indique, ce sentiment a une allure royale. Si c'était un instrument, ce serait une trompette qui annonce avec faste l'arrivée de Son Altesse Sérénissime. Même en caleçon dans l'intimité de la salle de bains, on peut éprouver cette sensation de beauté, de bonté, de puissance, qui vous hisse très au-dessus du commun des mortels.

LE MODÈLE : *Avec quelle majesté il est apparu sur la scène !*
LE CONTRAIRE : *indignité.*

MALADRESSE

Absence d'aisance

Pataude, engoncée, la maladresse marche en trébuchant. Veut-elle prendre la parole qu'elle balbutie, bégaie, bafouille. Elle manque singulièrement d'aisance et de confiance. Timide et rougissante, paniquée à l'idée de commettre une gaffe, elle se sent gourde, godiche, et ça l'agace. On la comprend !

LE MODÈLE : *Elle s'est montrée d'une grande maladresse en oubliant de la présenter.*
LE CONTRAIRE : *aisance.*

MALAISE

Trouble diffus

Il ne sait pas trop pourquoi, mais il sait qu'il ne se sent pas bien. Gêné, mal en point, le malaise a un peu honte. Pourtant, bien souvent, il n'a rien fait de mal.

LE MODÈLE : *Tout le monde avait beau lui sourire, le malaise persistait en lui.*
LE CONTRAIRE : *euphorie*.

Ils étaient anxieux maintenant, l'un et l'autre : une grande, une violente passion était en train de naître, nourrie de leurs déceptions successives. S'apercevoir seulement, pouvoir échanger un seul mot leur aurait fait un délice auquel ils n'osaient plus qu'à peine songer. Un rendez-vous manqué peut unir deux destins plus sûrement que toute parole, que tous les serments.

PASCAL LAINÉ, *La Dentellière*, © Gallimard

MALCHANCE

La scoumoune

Un aimant qui attire la guigne, la poisse et les tuiles en tous genres. Amie intime du malheur, la malchance a le don de s'acharner sur ses victimes. Comme les poux, elle pond des œufs en un clin d'œil, et il n'existe même pas de shampooing adapté. Pas commode de s'en débarrasser !

LE MODÈLE : *Chaque jour il espérait voir s'éloigner sa malchance et chaque jour une nouvelle catastrophe lui tombait dessus.*
LE CONTRAIRE : *chance.*

MALÉDICTION

Héritage catastrophique

Dans la famille « malchance », la malédiction serait la grand-mère. Une grand-mère qui vous a légué tout le malheur du monde et qui s'assure que vous ne perdez pas une miette de cet héritage. On n'y peut rien. Tout est écrit d'avance.

LE MODÈLE : *Elle sentait peser sur cette maison une malédiction.*
LE CONTRAIRE : *bonheur.*

MALENTENDU

Allô, allô !

Un téléphone qui vous joue des tours. Vous appelez la province et vous vous retrouvez en ligne avec un Esquimau de passage à Mexico. Ce quiproquo fâcheux perturbe tout le monde. Vos déclarations d'amour passent pour des insultes, ou *vice versa*. Quand vous dites « oui » l'autre entend « non ». Et, naturellement, aucun technicien ne sait réparer cet outil de communication défectueux.

LE MODÈLE : *Jusqu'ici tout se passait bien, mais elle perçut soudain qu'ils nageaient dans le malentendu.*
LE CONTRAIRE : *compréhension.*

MALVEILLANCE

Méchanceté voulue

Elle porte des chaussures cloutées et aiguise en permanence son grand couteau de boucher. La malveillance vous débite les êtres humains en steaks hachés. Elle aime que ça saigne. On la reconnaît à son tablier blanc maculé de rouge, à son regard cruel, à son sourire d'ogre. Autre indice : elle ne rit pas, elle ricane.

LE MODÈLE : *Cette femme est pleine de malveillance envers ses voisins.*
LE CONTRAIRE : *bienveillance.*

MÉCONTENTEMENT

Fâché !

Ah non, il n'est pas content ! Déçu, frustré ou furieux, le mécontentement fait la gueule. Son mode d'expression favori ? La grogne.

LE MODÈLE : *Il éprouvait un sourd mécontentement à le savoir en fuite.*
LE CONTRAIRE : *contentement.*

MÉDIOCRITÉ

9/20

Pas terrible-terrible. Une toute petite moyenne. Un canapé en cuir 100 % synthétique dans lequel on se vautre par paresse ou par faiblesse. Sans toutefois s'y sentir très confortable.

LE MODÈLE : *Elle était écrasée par le sentiment de sa médiocrité.*
LE CONTRAIRE : *supériorité.*

MÉFIANCE

Attention !

Potable, l'eau ? Comestible, ce champignon trop mignon ? Soucieuse d'éviter les ennuis, la méfiance soupèse son petit monde avant de s'engager.

LE MODÈLE : *Il examinait le nouveau venu avec méfiance.*
LE CONTRAIRE : *confiance.*

MÉGALOMANIE

« Je suis le plus beau ! »

Un sentiment qui a la grosse tête et les chevilles qui enflent. Il se prend pour un phénix. Beau à mourir, terriblement intelligent, son ambition n'a pas de limites. Le monde entier rêve de lui ressembler, mais il peut toujours essayer ! Oiseau rare méga-giga-extra-super-maxi-génial, le mégalo plane si haut qu'il ne craint pas la concurrence.

LE MODÈLE : *Sa mégalomanie le pousse aux actes les plus délirants.*
LE CONTRAIRE : *modestie.*

MÉLANCOLIE

Tristesse rêveuse

Victor Hugo l'a définie comme le « bonheur d'être triste ». Cela lui va bien. Elle a des couleurs d'hortensia fané, rose ancien, bleu délavé. Lasse, la mélancolie vous a des douceurs d'ours en peluche qui a beaucoup vécu. Familière comme un vieux chagrin longtemps caressé, on la préfère parfois à un bonheur tout neuf, sauvage, pas encore apprivoisé.

LE MODÈLE : *Elle se laissait bercer par sa mélancolie.*
LE CONTRAIRE : *joie.*

Aussi, cher monsieur Kappus, ne devez-vous pas vous effrayer quand une tristesse se lève en vous, fût-elle une tristesse plus grande que toutes celles que vous avez vécues. Quand une inquiétude passe, comme ombre ou lumière de nuage, sur vos mains et sur votre faire, vous devez penser que quelque chose se fait en vous, que la vie ne vous a pas oublié, qu'elle vous tient dans sa main à elle et ne vous abandonnera pas. Pourquoi voulez-vous exclure de votre vie souffrances, inquiétudes, pesantes mélancolies, dont vous ignorez l'œuvre en vous ?

RAINER-MARIA RILKE, *Lettres à un jeune poète*, © Grasset

MÉPRIS

Jugement carrément négatif

Le silence du mépris en dit long. Il dit l'absence absolue d'estime. Son indifférence est feinte. Le mépris a parfaitement remarqué l'indignité de son voisin. Il ne va pas lui faire l'aumône d'un soupçon d'attention. Il détourne les yeux et passe son chemin.

LE MODÈLE : *Il la considéra avec un regard plein de mépris avant de s'éloigner.*
LE CONTRAIRE : *estime.*

MÉSENTENTE

État de crise

La mésentente a une ouïe parfaite. Inutile de consulter un oto-rhino. Elle entend clairement qu'il lui est impossible de s'entendre avec tel ou tel. Au besoin, elle ira plutôt voir un psychologue pour démêler s'il s'agit d'une dispute passagère, d'une brouille légère ou d'un état de crise ferme et définitif.

LE MODÈLE : *La mésentente régnait entre eux sans qu'ils puissent en avoir raison.*
LE CONTRAIRE : *entente.*

MISÉRICORDE

Pitié réconfortante

Attentive et chaleureuse, la miséricorde s'apitoie sans trop vous faire sentir combien vous êtes pitoyable. Elle y va sur la pointe des pieds, avec un bon sourire réconfortant.

LE MODÈLE : *Il a été d'une grande miséricorde envers lui en n'exigeant aucune réparation après l'affront qu'il a subi.*
LE CONTRAIRE : *cruauté.*

MODESTIE

Abat-jour

Réservée et pudique, la modestie met ses qualités en veilleuse. Soucieuse de ne pas gêner son entourage, elle filtre et tamise la lumière qu'elle serait en droit d'émettre. Cette discrète ne clame pas ses mérites sur tous les toits. Quand par hasard elle parle d'elle, sa télécommande baisse le son automatiquement.

LE MODÈLE : *Elle est d'une exquise modestie quand on la complimente.*
LE CONTRAIRE : *vanité.*

MONOTONIE

Guitare à une corde

Les jours se suivent et se ressemblent. Plus ça change, plus c'est la même chose. Quel ennui !

LE MODÈLE : *Elle souffrait de la monotonie de ses journées si bien réglées.*
LE CONTRAIRE : *diversité.*

MONSTRUOSITÉ

Laideur atroce

Un sentiment laid à faire peur. Des mains hideuses aux ongles noirs et crochus lui sortent des oreilles. Des pieds fourchus s'agitent hors des narines. Comment a-t-on pu abriter en son sein une horreur pareille ?

LE MODÈLE : *Il resta pétrifié devant la monstruosité du crime commis.*
LE CONTRAIRE : *beauté.*

MOQUERIE

Pas sérieux !

Un petit plaisantin qui adore mettre en boîte les autres sentiments. Il pouffe, se contorsionne, rigole, fait le guignol. Sérieux, lui ? Ah ! la bonne blague !

LE MODÈLE : *Elle n'avait que la moquerie pour répondre à ses attaques.*
LE CONTRAIRE : *sérieux.*

MOROSITÉ

Pas gai !

Une petite figure à la mine chagrine, aux traits chiffonnés, au regard triste, à la bouche amère. Vrai, la morosité n'a pas le moral !

LE MODÈLE : *Aucune pitrerie ne parvint à le tirer de sa morosité.*
LE CONTRAIRE : *gaieté.*

MORTIFICATION

Petite mort passagère

L'amour-propre a reçu un coup mortel. C'est une mort de « cinéma », pas tout à fait pour de vrai, pas pour toujours. Mais si dure à vivre que, tiens, on en mourrait bien pour de bon. Pour ne pas avoir à regarder en face cette humiliation.

LE MODÈLE : *Elle se sentait mortifiée par l'indifférence qu'il lui avait témoignée.*
LE CONTRAIRE : *satisfaction.*

A-t-on le choix de ses sentiments ?

Il y a plus de trois cents mots dans ce dictionnaire des sentiments. Est-ce que cela veut dire que, devant la même situation, chacun a le choix de ses sentiments ? Y a-t-il des milliards de sentiments en réponse à des milliards de situations possibles ?

• • •

La perception que nous avons du monde et des autres déclenche les sentiments que l'on éprouve. Le monde dans lequel nous vivons et les gens qui nous entourent nous obligent à transformer nos sentiments. C'est le rôle de l'éducation d'organiser les relations entre les personnes d'une même société. Le sentiment de supériorité d'une population sur une autre population, d'une couleur de peau sur une autre couleur de peau, l'apartheid, n'est possible que par un conditionnement bien organisé.

Certaines sociétés, par intérêt politique, entraînent des enfants à devenir soldats, les poussent à être agressifs. Ces enfants soldats, que ressentent-ils en dehors de leur embrigadement ? Peuvent-ils refuser la haine qu'on leur inculque ?

La sociologie, la science qui étudie les sociétés humaines, a montré l'influence de la vie en groupe sur les sentiments. À différentes époques, certains sentiments sont plus valorisés que d'autres. L'honneur, par exemple, est exalté au XVIIe siècle. Corneille le décrit parfaitement dans *Le Cid.* Dans la littérature, le sentiment d'amour s'est exprimé très différemment selon les époques. Idéalisé au Moyen Âge, l'amour courtois est chanté par les troubadours. • • •

Au XVIIe siècle, il est décrit dans des intrigues amoureuses compliquées et tragiques, alors que, parallèlement, la préciosité — épuration du langage, des mœurs et de la vie amoureuse — triomphe dans les salons littéraires féminins.

Au XVIIIe siècle, l'amour est tour à tour libertin chez Choderlos de Laclos (*Les Liaisons dangereuses*) et sentimental chez Rousseau (*Les Confessions*).

Au XIXe siècle, le sentiment amoureux varie dans sa forme comme dans son expression : déçu et illusoire dans *Madame Bovary* de Flaubert, mélancolique et rêveur chez Musset et Lamartine ou partagé entre l'idéalisation et la sensualité chez Baudelaire.

Aujourd'hui, l'amour se décline sur tous les tons, sans fausse pudeur, de *L'Amour fou* d'André Breton à *L'Écume des jours* de Boris Vian et aux *Nuits fauves* de Cyril Collard.

N

NARCISSISME

Amoureux transi

Et de qui est-il amoureux ? De lui-même ! Il se complaît à se contempler, il passe sa vie devant les miroirs. Il s'embrasse éperdument, il caresse son ombre, il s'adore. Il ne se quitte pas d'une semelle. « Mon petit moi, mon grand amour, jure-moi que tu m'aimeras toujours ! »

LE MODÈLE : *Elle se complaît dans un narcissisme ridicule.*
LE CONTRAIRE : *modestie.*

NOBLESSE

Hauteur d'âme

Splendide, vraiment. Grandiose. Sublime. La noblesse habite les sommets, dans un air d'une pureté inouïe. Grande et belle, fière et forte, magnifique... En elle, rien de petit, d'étriqué, de vulgaire.

LE MODÈLE : *Il fut touché par la noblesse de ses paroles.*
LE CONTRAIRE : *honte, ignominie.*

NOMBRILISME

Au centre du monde

Comme le narcissisme, le nombrilisme s'occupe énormément de sa petite personne. Mais il n'en est pas forcément amoureux. Simplement, il s'intéresse à lui, il s'inquiète pour lui. Il a fort peu de temps à consacrer au reste du monde. Il se trouve au centre de ce monde et il effectue des rondes incessantes pour ne pas se perdre de vue. S'il lui arrivait quelque chose, ce serait terrible pour l'humanité ! À coup sûr, la terre s'arrêterait de tourner.

LE MODÈLE : *Quel nombrilisme ! Il rapporte tout à lui-même.*
LE CONTRAIRE : *altruisme.*

Le père Taupe soignait

son bonheur ; au plaisir

de la pipe, il joignit celui

de se gratter la tête

avec l'index et de regarder

l'ongle progressivement noircir.

RAYMOND QUENEAU, *Le Chiendent*,

NONCHALANCE

Vivacité assoupie

La nonchalance se promène dans la vie comme un ralenti au cinéma. Elle va doucement, mesure ses gestes, économise ses mots. Au plus fort de l'été, la chaleur torride nous alanguit de la même manière. On se sent comme une plante verte au soleil de midi. Bien, mais pas débordant d'énergie.

LE MODÈLE : *Elle est d'une nonchalance toute méditerranéenne.*
LE CONTRAIRE · *vivacité.*

NOSTALGIE

Souvenirs-souvenirs

Dans le Caddie de la mémoire, on traîne derrière soi un filet garni de souvenirs délicieux. Un sentiment qui vit à l'imparfait. Le présent, le futur lui semblent beaucoup moins parfaits que ce passé de rêve.

LE MODÈLE : *À l'évocation de ces lointains souvenirs, il se sentait envahi par la nostalgie.*
LE CONTRAIRE : *gaieté.*

O

OPPRESSION

Étouffement

De l'air, par pitié ! L'oppression vous écrase sous son talon, elle vous noue la gorge à double tour, vous entortille l'estomac, vous tord les tripes. Quelqu'un vous tyrannise, vous terrorise, vous terrifie. Ou bien c'est l'angoisse, la grosse maligne, qui vous coupe le souffle, couic !

LE MODÈLE : *Il ne pouvait se débarrasser du sentiment d'oppression qui l'habitait depuis son accident.*
LE CONTRAIRE : *liberté.*

OPTIMISME

Tout ira bien !

Si le pessimisme porte un jean à boutons avec fermeture Éclair, plus une ceinture et des bretelles (on ne sait jamais !), l'optimisme va le cul nu. Un rien l'habille, il se nourrit de l'air du temps, il fait confiance aux événements. « Tout ira bien », vous chante-t-il à l'oreille. Un joyeux luron qui voit la vie en rose.

LE MODÈLE : *Son optimisme est à toute épreuve.*
LE CONTRAIRE : *pessimisme.*

P

PARDON

Effaceur bienveillant

Comme les bombes ménagères qui vous décrassent une baignoire sans frotter ni rayer, cet effaceur a l'art de faire disparaître les actions un peu crades, les méchantes gaffes et autres petites et grosses bêtises. Il faut beaucoup de force d'âme au pardon pour gommer tant de noirceur sans se faire prier.

LE MODÈLE : *Elle se sentit merveilleusement légère dès qu'elle eut obtenu son pardon.*
LE CONTRAIRE : *rancune.*

PARESSE

Sieste obligatoire

Que l'on soit d'accord avec elle ou non, la paresse a décidé de se la couler douce. Elle se roule les pouces dans le sens des aiguilles d'une montre, en veillant bien à ne rien se casser. Ne lui demandez pas de refaire le monde. Somnolente, engourdie, toute activité physique ou intellectuelle lui semble très au-dessus de ses faibles forces. Il ne reste qu'à attendre que cela lui passe.

LE MODÈLE : *Il se laissa gagner par une certaine paresse intellectuelle, une fois son projet rendu.*
LE CONTRAIRE : *agitation.*

PASSION

Emballement torride

Cet élan du cœur, violent, brutal, irrésistible, a quelque chose de dévastateur. En principe, toute passion digne de ce nom vous transforme en torche vive. Cela durera ce que cela durera, mais vous brûlez bel et bien. Des fois, ça fait même drôlement mal !

LE MODÈLE : *Elle s'adonnait avec passion à la musique.*
LE CONTRAIRE : *détachement.*

Les autres mettent des semaines et des mois
pour arriver à aimer et à aimer peu, et il leur
faut des entretiens et des goûts communs et
des cristallisations. Moi, ce fut le temps
d'un battement de paupières. Dites-moi fou,
mais croyez-moi. Un battement de paupières,
et elle me regarda sans me voir, et ce fut
la gloire et le printemps et le soleil et la mer
tiède et sa transparence près du rivage et
ma jeunesse revenue, et le monde était né,
et je sus que personne avant elle,
ni Adrienne, ni Aude, ni Isolde, ni les autres
de ma splendeur et jeunesse, toutes d'elle
annonciatrices et servantes.

ALBERT COHEN, *Belle du Seigneur*, © Gallimard

PASSIVITÉ

Paralysie momentanée

Le combat cesse, faute de combattants. Amorphe, inerte, aussi volontaire et dynamique qu'une grosse éponge toute molle, on ne décide rien, on n'entreprend rien, on ne réagit pas. Tout passe, sans laisser de traces.

LE MODÈLE : *Il ne s'engage jamais, sa passivité est exaspérante.*
LE CONTRAIRE : *activité.*

PATHÉTIQUE

Mélo maxi

Le sentiment ultra-sensible qui vibre un maximum à la moindre occasion. Il a facilement la larme à l'œil et marche à fond dans les histoires d'amour. Un rien le touche. Tous les malheurs du monde brisent le cœur de cet écorché vif.

LE MODÈLE : *Elle était bouleversée par le pathétique de la situation.*
LE CONTRAIRE : *comique.*

PEINE

Cœur qui se traîne

Sœur jumelle de la tristesse, cousine du chagrin, la peine — désolée — erre dans son coin. Une orpheline vêtue de noir qui aurait bien besoin que quelqu'un de fort, de tendre, de rassurant la prenne dans ses bras et la berce, tout doucement.

LE MODÈLE : *Sa peine la laissait sourde à toute parole de réconfort.*
LE CONTRAIRE : *joie.*

PERFECTION

Habit de lumière

D'un coup, il vous habille des pieds à la tête et vous fait scintiller comme un torero intrépide et victorieux. Nul besoin, pourtant, d'arène, de taureau, ni de foule en délire. Le sentiment de perfection a toutes les qualités, dont la modestie.

LE MODÈLE : *Il fut ébloui par la perfection du geste du tireur à l'arc.*
LE CONTRAIRE : *imperfection.*

PERFIDIE

Flèche empoisonnée

Elle fait croire que c'est pour de rire ! Elle camoufle sa pointe venimeuse sous un enrobage de chocolat au lait, au miel et aux noisettes. Une sournoise aux aguets qui connaît vos points sensibles et endort votre méfiance pour mieux vous perforer, là où ça fait bien mal.

LE MODÈLE : *Avec quelle perfidie elle lui a envoyé ses flèches !*
LE CONTRAIRE : *loyauté.*

PERPLEXITÉ

Que faire ???

Elle s'en pose, des questions, la perplexité ! C'est d'ailleurs ce qu'elle réussit le mieux. Incapable de prendre une décision, elle nage la brasse coulée, en plein doute. Toujours prête à se noyer dans une goutte d'eau.

LE MODÈLE : *Il s'interrogeait avec perplexité sur le bien-fondé de ses arguments.*
LE CONTRAIRE : *certitude.*

PESSIMISME

Côté ombre

Il y a toujours un côté du mur à l'ombre. C'est là qu'habite le pessimisme. Du mauvais côté des choses. Pour lui, les ascenseurs montent quand il veut descendre. À coup sûr, il fera un temps radieux le jour où il retrouvera, enfin, son parapluie. Et quand il achète des chaussures, vous pouvez parier qu'on va lui refiler une paire défectueuse, avec deux pieds gauches.

LE MODÈLE : *Elle voit toujours le mauvais côté des choses, elle est d'un pessimisme désespérant.*
LE CONTRAIRE : *optimisme.*

PETITESSE

Sentiment rétréci

Rabougrie, rapiécée, radine, la petitesse économise sur tout. Elle calcule la gentillesse au centime près, et attache son cœur avec un élastique, pour être bien sûre qu'on le lui rende. Si par miracle elle vous prête un compliment, autant le lui rendre tout de suite. Il a dépassé, depuis longtemps, la date limite de consommation.

LE MODÈLE : *Il avait honte de la petitesse d'esprit de ses parents devant son ami.*
LE CONTRAIRE : *générosité.*

PEUR

Bête noire

Un animal sauvage, palpitant, tapi au tréfonds de notre intimité. Impossible à apprivoiser, cette bête noire nous grignote sans répit. Parfois, c'est à se demander si elle n'est pas elle-même affolée. Elle claquerait des dents, la malheureuse créature, et nous égratignerait par mégarde. Jusqu'au moment où, morte de fatigue, elle se roulerait en boule et s'assoupirait. Nous laissant, enfin, le loisir de souffler.

LE MODÈLE : Elle se claquemure chez elle tous les soirs, paralysée par la peur.
LE CONTRAIRE : courage, audace.

PITIÉ

Prix de consolation

Une gentillesse particulière, branchée sur la prise du malheur. Elle s'allume au contact de la souffrance, pour mettre en lumière son aspect cruel et tenter, autant que possible, de l'adoucir. Mais, bien souvent, les êtres pitoyables n'aiment qu'à moitié cet éclairage qui les accable encore davantage. Surtout si la pitié, cela lui arrive, se teinte de mépris.

LE MODÈLE : *La jeune femme éprouvait beaucoup de pitié pour sa rivale délaissée.*
LE CONTRAIRE : *cruauté, indifférence.*

Elle m'a embrassé là.
J'ai dit quelque chose
mais si bas qu'elle ne
pouvait pas l'entendre,
j'ai dit s'il te plaît
ne me quitte plus jamais
parce que quand tu n'es
pas là il me manque
un morceau de moi-même
et je n'ai nulle part
où aller où je ne sois pas
en morceaux.

HOWARD BUTEN, *Le Cœur sous le rouleau compresseur*,
traduction J.-P. CARASSO, © Seuil

PLAISIR

État agréable

Quel charme ! Quel ami délicieux ! Quel séducteur infatigable ! À l'évidence, le plaisir plaît.

LE MODÈLE : *J'ai pris un certain plaisir à regarder ce film.*
LE CONTRAIRE : *déplaisir, chagrin.*

PLATITUDE

Manque d'altitude

Un avion cloué au sol par suite d'une grève des aiguilleurs du ciel. Un gros tas banal, vulgaire, qui n'a plus rien à voir avec l'altière noblesse de l'oiseau en plein vol.

LE MODÈLE : *Les voisins exprimèrent avec platitude leurs excuses pour les dégâts causés par leur chien.*
LE CONTRAIRE : *noblesse.*

POSSESSIVITÉ

Gloutonnerie affective

Un ogre qui couve jalousement ceux qu'il aime. Prêt à dévorer tout cru qui s'approche trop près de sa couvée, il étouffe ses protégés sous le poids d'un amour dévorant.

LE MODÈLE : *Ma belle-mère est d'une incroyable possessivité avec nos enfants.*
LE CONTRAIRE : *abandon.*

POUVOIR

Majorité absolue

Roi de l'efficacité, empereur de la puissance, ce grand prince jouit d'une influence considérable. Tout plie devant lui, ses désirs sont des ordres, les êtres humains succombent à son charme et même les choses filent doux.

LE MODÈLE : *Le prince se laissait griser par le pouvoir.*
LE CONTRAIRE : *impuissance.*

PRÉDILECTION

Chouchoutage

Un sentiment qui n'a pas peur d'afficher ses préférences. Jules adore le noir, il a une véritable prédilection pour le noir. Il s'habille naturellement en noir de la tête aux pieds. Il épingle ses pin's comme des trophées : « I love Black », « Noir c'est noir », « Touche pas à mon Black », etc.

LE MODÈLE : *Sa fille a une prédilection pour les petits objets en verre.*
LE CONTRAIRE : *aversion.*

PRÉVENANCE

Tapis rouge

La prévenance se met en quatre pour aller au-devant des désirs d'autrui. Toujours affairée, elle court avec son petit tapis rouge et ses colliers de fleurs. Pleine d'égards, de délicatesse et d'attentions touchantes, avec elle on se sent toujours accueilli comme une importante personnalité.

LE MODÈLE : *Il est plein de prévenance pour sa vieille mère.*
LE CONTRAIRE : *inattention, brutalité.*

PRUDENCE

Sentinelle au garde-à-vous

Pleine de sagesse, elle ouvre l'œil, et le bon. Attentive, réfléchie, elle mesure le danger et ne s'embarque pas à la légère. On peut lui reprocher de manquer de culot, d'audace, de sens du défi. Mais avec elle, au moins, on sait où l'on met les pieds.

LE MODÈLE : *Elle révéla avec prudence ses véritables intentions.*
LE CONTRAIRE : *imprudence, témérité.*

PRUDERIE

Austérité moralisante

Elle clame partout que la nudité est dégoûtante. La simple pensée d'une mini-jupe lui donne des vapeurs. L'été est un enfer pour elle : toute cette chair fraîche étalée au grand jour lui soulève le cœur. Devant tant d'indécence, elle pince les lèvres et détourne le regard. Elle a rayé certains mots de son vocabulaire. Le sexe (quelle horreur !). Les seins, les fesses (ça ne devrait même pas exister !). Quant au baiser, tolérable sur le front d'un bébé, il est proprement scandaleux qu'on montre « ça » au cinéma. Du coup, on ose à peine lui parler d'amour, de peur qu'elle le prenne mal.

LE MODÈLE : *Sa belle-sœur est d'une pruderie ! Elle censure tout ce qui passe à la télé.*
LE CONTRAIRE : *exhibitionnisme.*

PUDEUR

Réserve délicate

Ne pas confondre avec la pruderie ! La pudeur a le sens du secret. Elle préserve son intimité et respecte celle d'autrui. Elle connaît le prix des jardins secrets. Prête à défendre le sien contre toute intrusion, elle n'entre dans ceux des autres que munie d'une invitation, et sur la pointe des pieds.

LE MODÈLE : *Il fait preuve de tant de pudeur pour me dévoiler ses sentiments...*
LE CONTRAIRE : *impudeur.*

PUDIBONDERIE

Pudeur qui en rajoute

Autant la pudeur est jolie et discrète, autant la pudibonderie se couvre de ridicule. Elle fait des bonds à la simple idée de déboutonner le bouton du haut de son chemisier. À force de montrer qu'elle tient à cacher ses formes, elle obtient l'effet inverse. On ne voit plus qu'elles.

LE MODÈLE : *Ils rirent de sa pudibonderie qui l'empêchait de se montrer en maillot de bain.*
LE CONTRAIRE : *indécence.*

PURETÉ

Source limpide

On le dit d'un diamant de grande valeur : ce sentiment est de la plus belle eau. D'une transparence absolue, clair, vif, frais, il vous fait vous sentir comme neuf.

LE MODÈLE : *Elle était touchée par la pureté de ses sentiments.*
LE CONTRAIRE : *impureté.*

Existe-t-il des sentiments interdits ?

**Jusqu'où peut-on aller dans l'expression de ses sentiments ?
A-t-on le droit de haïr ?
Jusqu'à quel point ?**

Seul sur une île déserte, il est probable que l'on n'éprouverait pas certains sentiments comme l'amitié ou le mépris... et que l'on ne les exprimerait pas non plus.
En revanche, en société, on est libre d'éprouver n'importe quel sentiment, mais on n'est pas libre de l'exprimer de n'importe quelle façon.

Toute société a ses lois. Personne ne peut extérioriser sa haine jusqu'au meurtre sans avoir à répondre de son acte devant le groupe. Il n'est pas possible d'aimer son père ou son frère comme un amant, ni sa mère ou sa sœur.
Il n'est pas facile non plus d'aimer quelqu'un du même sexe, ni quelqu'un d'une autre

religion ou d'une autre culture que la sienne.

De même, la vie en société impose le plus souvent d'exprimer ses sentiments selon un code ou un rituel commun à tous. Ainsi, la tristesse du deuil ne s'exprime pas avec les mêmes gestes, avec les mêmes couleurs chez les Bantous d'Afrique, chez les Aborigènes d'Australie, chez les musulmans ou chez les chrétiens...

Mais, curieusement, presque toutes les sociétés ont inventé des fêtes pour se permettre, à un moment déterminé, de désobéir aux règles sociales, celles qui touchent les sentiments en particulier. • • •

Aujourd'hui on organise encore dans le monde entier des carnavals où chacun, masqué, déguisé, caché aux yeux des autres, peut jouer à exprimer des sentiments interdits. Pendant quelques jours, la société permet de se moquer de la religion, d'aimer celui qu'il est interdit d'aimer en temps ordinaire, etc.

En Guyane, le jour des diablesses, tout est permis. On s'habille en blanc et noir. On porte des masques pour ne pas être reconnu. Cela s'appelle le Touloulou. Tout ce qu'on aura fait ce jour-là, bien ou mal, c'est le Touloulou qui l'aura fait. Ainsi naissent des enfants de Touloulou...

R

RANCŒUR

Fond de vinaigre

Comme son nom l'indique, ce fond de vinaigre ranci se range au fond du cœur. Il s'y dépose automatiquement, aussitôt après une injustice, un espoir qui a tourné court, un événement heureux qui a mal tourné. Et ça marine...

Comme les cornichons, la rancœur a la regrettable propriété de bien se conserver. Tout ce que l'on vous propose de sucré, pour faire passer la pilule, y gagne un arrière-goût d'amertume plutôt fâcheux.

LE MODÈLE : *Au souvenir de la traîtrise de son amie, la rancœur l'envahissait.*
LE CONTRAIRE : *sérénité.*

RANCUNE

Méchant souvenir

La rancune a une mémoire d'éléphant. Particulièrement pour les mauvais souvenirs. Ceux-là, elle vous les mijote à feu très doux, pour vous les servir à la première occasion. Comme la vengeance, c'est un plat chaud qui se mange froid. Outre son fourneau, sur lequel elle fait tout un plat de ses reproches, elle s'adonne à l'élevage. Avec elle, pas de souci à se faire : elle vous garde toujours un chien de sa chienne. Le plus hargneux, de préférence.

LE MODÈLE : *Il est plein de rancune depuis qu'ils l'ont laissé tomber sans prévenir.*
LE CONTRAIRE : *pardon.*

C'est plein de disputes, un bonheur

JEAN ANOUILH, *Antigone*, © La Table Ronde

RÉBELLION

Indiscipline caractérisée

La rébellion est « pour » tout ce qui est « contre ». Autrement dit, elle est toujours d'accord pour ne pas être d'accord. Elle vote « non » systématiquement. À la Chambre des députés, elle s'assiérait toujours dans les fauteuils de l'opposition, à supposer qu'elle puisse s'asseoir. Car sa détermination à s'opposer l'empêche de tenir en place. Elle préfère manifester dans la rue, avec pancartes et porte-voix. Quand elle devient aphone à force de crier, elle prend sa petite bombe qui ne la quitte jamais, et couvre les murs de graffiti. Devinez ce qu'elle écrit ? « Non, non et non ! » Ne vous risquez pas à lui demander à quoi elle dit « non ». Parfois, elle n'en a plus la moindre idée. Mais une chose est sûre. Parlez-lui de liberté et là, sans réfléchir, elle crie « OUI ! »

LE MODÈLE : *Sa rébellion devant les idées reçues est totale et immédiate.*
LE CONTRAIRE : *soumission.*

RÉCLUSION

Solitude captive

Toute seule dans son cachot, la réclusion broie du noir. Du noir, parce qu'elle se sent si seule. Du noir encore, parce qu'elle se sent — obscurément peut-être, mais très nettement — prisonnière. Noir + noir = vraiment noir. Coincée dans une situation apparemment sans issue, la seule chose que la réclusion puisse entrevoir ressemble à un poteau d'exécution. Un moral de condamné à mort.

LE MODÈLE : *Il ne voit personne et vit en pleine réclusion.*
LE CONTRAIRE : *liberté.*

RÉCONCILIATION

Retour à de meilleurs sentiments

Cela a démarré par une brouille. À la suite d'une crasse ou d'une méchante gaffe, on a sauvagement déchiré la photo du fautif. Lui et nous, c'est fini ! L'amitié est morte, la confiance assassinée, l'affection enterrée. Et puis, avec le temps, les bons sentiments ressuscitent. On recolle la photo, et l'entente repart pour un tour, à la vie, à la mort.

LE MODÈLE : *Elle avait l'intuition que l'autre était prêt pour une réconciliation.*
LE CONTRAIRE : *conflit.*

RÉCONFORT

Aspirine vitaminée

La douceur sucrée de l'orange, pour adoucir une peine. Des bulles pétillantes, pour redonner du tonus. En cas de fatigue morale, de découragement, de chagrin, on attend le réconfort avec la même impatience qu'un malade qui appelle SOS médecins. À la limite, si aucun remède ne s'annonce, on peut toujours consulter SOS amitié.

LE MODÈLE : *Sa présence lui procura un grand réconfort dans sa solitude.*
LE CONTRAIRE : *découragement.*

RECONNAISSANCE

Éternel merci

La reconnaissance a autant de mémoire que la rancune. Mais en positif. Avec un sourire ému, elle se souvient de toute la gentillesse dont « on » a fait preuve à son égard. Désormais, « on » peut lui demander n'importe quoi. La reconnaissance paie ses dettes. Oh oui !

LE MODÈLE : *Elle éprouvait un immense sentiment de reconnaissance pour son sauveteur.*
LE CONTRAIRE : *ingratitude.*

REGRET

Hélas !

Sur les chemins de la vie, ce sentiment se poste après les tournants. Si la chose était possible, il reviendrait sur ses pas. La route était tellement plus jolie avant ! Ou bien il a commis une infraction au Code de la route, qu'il aimerait tant pouvoir effacer. Hélas ! le regret ne dispose pas de marche arrière. L'œil collé au rétroviseur, il roule en première, la mort dans l'âme.

LE MODÈLE : *Il sentait monter en lui le regret des jours passés.*
LE CONTRAIRE : *oubli, indifférence.*

REMORDS

Trois fois hélas !

Le remords est un regret mort de honte. Consterné par sa façon d'agir, il a beau se donner des coups de pied au derrière, la honte ne fait que croître et enlaidir. « Minable, lamentable, indécrottable, impardonnable ! » Le remords ne trouve pas d'adjectifs assez durs pour qualifier sa conduite. Il lui faudra mariner un certain temps dans cet état douloureux avant que l'oubli ou l'indulgence d'autrui ne le délivrent de ses tourments.

LE MODÈLE : *Il était la proie de remords torturants.*
LE CONTRAIRE : *bonne conscience.*

RENONCEMENT

Esprit de sacrifice

Un sentiment élevé qui sait choisir entre fromage ou dessert. Qui n'essaie pas le moindre chantage pour obtenir les deux. Il a bien étudié le problème. Il sait que, à court terme, le dessert lui ferait davantage plaisir. Mais le calcium du fromage lui donnera des forces en profondeur, et pour longtemps. Tant pis pour la gourmandise ! Le renoncement serre les dents et sacrifie la chantilly au profit de performances plus hautes.

LE MODÈLE : *Elle a fait preuve d'un grand renoncement en se privant de vacances.*
LE CONTRAIRE : *attachement.*

REPENTIR

Envie de se racheter

Comme le remords, le repentir admet sa mauvaise action. Il a pris un peu de recul pour mesurer l'ampleur des dégâts. Ce gâchis, pas de doute, il en est l'auteur. Et ce constat le désole. Il se promet solennellement de ne pas recommencer. Puis, avec un mélange d'humilité et de courage, le repentir ouvre sa boîte à outils. À petits coups de marteau bien intentionnés, il essaie de réparer la casse, tant bien que mal.

LE MODÈLE : *Après sa terrible colère, elle était pleine de repentir.*
LE CONTRAIRE : *insouciance.*

RÉPROBATION

Sourcils froncés

Un jugement qui fait les gros yeux. Visage fermé, bouche pincée, sourcils froncés, la réprobation n'a nul besoin de signaler à voix haute qu'elle ne vous approuve pas. Son blâme se voit comme le nez au milieu de la figure. Il ne vous reste plus qu'à baisser le vôtre, de nez.

LE MODÈLE : *La réprobation se lisait sur son visage.*
LE CONTRAIRE : *approbation.*

REPROCHE

Critique en principe justifiée

Sévère mais juste, le reproche verbalise pour une raison précise. Il vous délivre une « contredanse » qui indique la nature de votre infraction. Avec lui, on peut éventuellement négocier. De toute façon, on a intérêt à se tenir à carreau. Il y a des gens qui ont le reproche dans la peau. Surtout en période de crise. Les gardiens de la paix, parfois, ont les nerfs à vif. Ils voient des terroristes partout.

LE MODÈLE : *Il y avait du reproche dans sa voix, elle le perçut nettement.*
LE CONTRAIRE : *pardon.*

RÉPULSION

Pouah !

L'impression de recevoir une décharge électrique qui vous fait faire un bond en arrière. En plus, la douille est rouillée, gluante, ignoble. De quoi attraper le tétanos. Dégoûtée, la répulsion veillera désormais à se tenir soigneusement à l'écart.

LE MODÈLE : *Il ne pouvait cacher sa vive répulsion pour cet homme.*
LE CONTRAIRE : *attirance.*

En observant des séminaristes,
bientôt docteurs en théologie,
jouer à taper du pied sur
un ballon de football,
on est amené à remarquer
qu'il est apparemment plus facile
au tigre d'être totalement,
dignement tigre, qu'il ne l'est
pour l'homme d'être homme.

HENRI MICHAUX, "Tranches de Savoir",
Face aux Verrous, © Gallimard

RÉSERVE

Discrétion pudique

La réserve n'aime ni les gros feutres rouges, ni les majuscules, ni les superlatifs. D'une écriture menue, elle se confie à la plume Sergent-Major trempée dans une encre violette. Délicate, elle ne s'imagine pas clamer ses secrets en titres voyants comme une affiche publicitaire ou la Une d'un journal à scandales. Elle se livre à petites touches légères, tout en nuances, et garde une part de mystère.

LE MODÈLE : *En terrain inconnu, elle est toujours d'une grande réserve.*
LE CONTRAIRE : *audace.*

RÉSIGNATION

Sagesse désenchantée

La volonté a jeté les armes. L'espoir se fait une raison. Le bonheur parfait n'est pas pour tout de suite, la fatalité a plus d'un tour dans son sac. Faute de grives, la résignation mange des merles. Elle n'a pas ce qu'elle veut, autant vouloir ce qu'elle a. Elle n'en est pas très contente, mais elle s'en contente.

LE MODÈLE : *Elle se plia à ses exigences avec résignation.*
LE CONTRAIRE : *révolte.*

RESSENTIMENT

Vieux restes de sentiment

Un sentiment pénible dont on ne vient pas à bout. Il en reste toujours. Comme un potage — que déjà on ne peut pas sentir —, plus on le réchauffe, plus il vous fait faire la grimace. Le ressentiment tourne à l'aigre. Il fait tourner les amitiés comme du lait caillé.

LE MODÈLE : *Il gardait un fort ressentiment pour l'injure subie.*
LE CONTRAIRE : *oubli, pardon.*

RÉUSSITE

Comme sur des roulettes

Propulsée par une fusée, la réussite file sur ses rollers rose fluo. Elle évite gracieusement les obstacles, saute en souplesse par-dessus les difficultés et franchit comme une fleur la ligne d'arrivée. Emportée par son élan, la voilà aussitôt repartie pour d'autres victoires.

LE MODÈLE : *Le sentiment de sa réussite le transportait.*
LE CONTRAIRE : *échec.*

REVANCHE

Sens dessus dessous

Ulcérée d'avoir eu le dessous, la revanche entend bien reprendre le dessus. Pour cette battante, la partie n'est jamais tout à fait finie. Vous l'avez envoyée rouler dans la poussière ? Rira bien qui rira le dernier ! Elle se relève et vous agite sous le nez sa tirelire. Entendez par là qu'elle compte vous rendre au centuple la monnaie de votre pièce.

LE MODÈLE : *Le désir de revanche commanditait tous ses actes.*
LE CONTRAIRE : *indifférence.*

RÉVOLTE

Refus indigné

Chez le plus petit d'entre nous, la révolte fait lever une puissante armée. Émeute populaire contre un abus d'autorité, juste courroux contre l'injustice, soulèvement massif contre la médiocrité, la révolte brandit son indignation comme un drapeau révolutionnaire.

LE MODÈLE : *La révolte s'empara de lui devant tant d'atrocités.*
LE CONTRAIRE : *résignation.*

RIDICULE

Effet comique fâcheux

Le truc risible qui ne vous fait franchement pas rire. L'impression dérangeante de s'être montré sous un jour loufoque, saugrenu ; d'avoir agi à l'étourdie ou réagi avec démesure. Le ridicule ne tue pas, dit-on. N'empêche qu'il vous flanque un coup.

LE MODÈLE : *Tout le monde le dévisageait, il se sentit soudain terriblement ridicule.*
LE CONTRAIRE : *sérieux.*

RIGIDITÉ

Droiture empesée

Un sérieux amidonné à l'excès qui vous oblige à vous tenir à la perfection. Cela vous donne un côté cassant, figé, pas trop sympathique. On vous aimerait plus spontané, plus naïf. Bref, plus humain !

LE MODÈLE : *Elle fut frappée par la rigidité de son attitude devant les juges.*
LE CONTRAIRE : *douceur, mollesse.*

RIVALITÉ

Compétition olympique

Stimulante mais éreintante, la rivalité convoite la médaille d'or. Rien à redire à cela. Sinon qu'elle vous fait regarder d'un œil torve tous ceux — et ils sont nombreux — qui prennent la ligne de départ avec la même idée en tête. Tant qu'elle garde l'esprit sport, la rivalité peut marcher (et même courir) la tête haute. Mais qu'elle s'adonne aux coups bas, au doping, et la concurrence devient déloyale. Le tournoi tourne au pugilat.

LE MODÈLE : *Il ne supporte pas de se trouver en rivalité avec quelqu'un.*
LE CONTRAIRE : *égalité.*

RUDESSE

D'un contact rugueux

Elle a des gestes brusques, le ton âpre, la voix cassante. La douceur et la tendresse se blessent à son contact. Cette dureté peut cacher une maladresse passagère ou une timidité tenace. Alors, tous les espoirs restent permis. Un peu de gentillesse saura amadouer cette brutalité de façade. Mais si ces épines surgissent d'un cœur sec, les relations se présentent mal.

LE MODÈLE : *Son père est plein de tendresse pour elle derrière sa rudesse apparente.*
LE CONTRAIRE : *douceur.*

S

SAGACITÉ

Fine mouche

Son petit doigt lui en souffle, des choses ! Elle a du flair, l'esprit vif, la vue perçante, et de l'intuition à la tonne. Pas besoin de lui expliquer longtemps. Elle comprend tout, en un clin d'œil.

LE MODÈLE : *Il montra beaucoup de sagacité en démasquant l'assassin.*
LE CONTRAIRE : *aveuglement.*

SANS-GÊNE

Culottée !

La courtoisie se retrouve sans emploi, la délicatesse sans abri, la générosité sans le sou. Cette sans-souci effrontée met sens dessus dessous tous les beaux sentiments. Et pourquoi ? Pour se faire plaisir, tiens ! Le confort d'autrui est le dernier de ses soucis.

LE MODÈLE : *Avec quel sans-gêne elle s'est installée chez toi !*
LE CONTRAIRE : *discrétion.*

SARCASME

Ironie mordante

Le sarcasme a deux grandes lames bien affûtées. Clac, clac, il fonctionne comme une cisaille à tailler les haies. Et que je ratiboise le moral de tout le voisinage. « Oh, le joli chien-chien à sa mémère ! » « Ha ! Voilà du boudin ! » « Hi, hi ! Elle a mis sa robe du dimanche pour séduire son amoureux à lunettes ! » Si le sarcasme se place bien au-dessus du commun des mortels, son humour (on l'aura constaté) vole volontiers au ras des pâquerettes.

LE MODÈLE : *Il ne s'exprime qu'à travers les sarcasmes.*
LE CONTRAIRE : *flatterie.*

SATISFACTION

Sourire intérieur

Un plaisir, tout petit ou très grand, qui vous inonde de soleil en n'importe quelle saison. Au-dedans, on se sent tout chaud, tout doré. Ce bien-être intime absolument délicieux vous donne un air radieux. Léger, la démarche alerte, il vous vient des envies de siffler, de sourire au monde entier.

LE MODÈLE : *Elle observa avec satisfaction l'effet produit par sa nouvelle robe.*
LE CONTRAIRE : *insatisfaction.*

SATURATION

Par-dessus la tête

C'est l'histoire de la petite bête qui monte, qui monte... Une histoire qui parfois commence bien, le problème n'est pas là. Seulement voilà... Au bout d'un certain temps, on commence « à en avoir jusque-là ! » N'en jetez plus, la cour est pleine ! On en a marre de quelqu'un, ou de quelque chose, ou d'une situation, ou d'une relation. On a bu tout ça jusqu'à plus soif. Cela devient irritant, comme une séance de bronzage qui tourne au coup de soleil.

LE MODÈLE : *Après quatre séances de cinéma, il était arrivé à saturation !*
LE CONTRAIRE : *manque.*

SÉCURITÉ

Tranquillité douillette

Moralement, on se sent comme un bébé dans sa poussette, avec un biberon aux lèvres, un nounours serré contre son cœur, les sourires attendris de papa et maman, le soleil qui joue entre les feuillages d'un marronnier en fleur, un oiseau qui chante, et du ciel bleu tout là-haut pour couronner le tout. Divin !

LE MODÈLE : *Elle ne se sentait en sécurité que dans ses bras.*
LE CONTRAIRE : *insécurité.*

SÉRÉNITÉ

Sans nuages

Une hirondelle sur un fil, dans le soir bleu. Un lac qui caresse ses rives. Une brise tiède chuchote dans les prés et murmure des mots tendres aux herbes alanguies. Une paix très douce, lumineuse, joliment agréable.

LE MODÈLE : *Son visage rayonnait de sérénité.*
LE CONTRAIRE : *inquiétude.*

Je sais maintenant que la terre
sur laquelle mes deux pieds appuient
aurait besoin pour ne pas vaciller
que d'autres que moi la foulent.
Contre l'illusion d'optique,
le rêve éveillé, le fantasme, le délire,
le trouble de l'audition... le rempart
le plus sûr, c'est notre frère,
notre voisin, notre ami
ou notre ennemi, mais quelqu'un,
grands dieux, quelqu'un !

MICHEL TOURNIER, *Vendredi ou les limbes du Pacifique*, © Gallimard

SÉRIEUX

Sage gravité

Le sérieux n'est pas là pour rigoler. Non qu'il manque d'humour, mais il sait que l'heure est grave, qu'il se passe quelque chose d'important, que ce n'est pas le moment de plaisanter. Ce sentiment s'habille de façon correcte. Calme, attentif et réservé, il sait écouter et choisit ses mots avec soin. Un sage.

LE MODÈLE : *Son ami s'exprimait avec sérieux et détermination.*
LE CONTRAIRE : *légèreté.*

SINCÉRITÉ

Transparence

Une eau claire dans un verre de cristal. Les mots viennent du cœur, sans détour. Une franchise toute simple, spontanée, qui vous regarde droit dans les yeux.

LE MODÈLE : *Elle fut touchée par la sincérité de ses paroles.*
LE CONTRAIRE : *dissimulation.*

SINGULARITÉ

Pas comme tout le monde

La singularité est unique. Elle n'a pas de pluriel. On ne la trouve pas dans les grandes surfaces. Elle fait de vous un être à part. Étonnant, merveilleux, bouleversant. Un peu bizarre, parfois, vaguement inquiétant. Ce sentiment très curieux, qui peut vous exalter comme vous abattre, a un secret tout simple. Chacun de nous est un livre rare, tiré à un seul exemplaire. Un livre dont on est à la fois l'auteur, le héros et le lecteur.

LE MODÈLE : *Il réalisait la singularité de son caractère qui le condamnait à la solitude.*
LE CONTRAIRE : *banalité.*

SOBRIÉTÉ

Sans tralala

Ni boucles d'oreilles, ni rouge à lèvres, ni pin's. Rien de superflu. La sobriété va droit à l'essentiel. Elle ne s'encombre pas de « maxi-super-méga-giga-extra ». Quand elle trouve un truc bien, elle dit d'un ton uni : « C'est bien. » Sans point d'exclamation. Ce qui ne l'empêche pas d'apprécier !

LE MODÈLE : *Elle nous a exprimé sa reconnaissance avec une grande sobriété.*
LE CONTRAIRE : *excès.*

SOLENNITÉ

Grandes orgues

Contrairement à la sobriété, la solennité met les petits plats dans les grands. Elle porte son habit du dimanche, nœud de cravate impeccable et souliers vernis. Sérieuse et grave, son extrême dignité lui donne un look parfaitement respectable, quoique un tantinet coincé.

LE MODÈLE : *Il fut très impressionné par la solennité de la cérémonie.*
LE CONTRAIRE : *familiarité.*

SOLITUDE

Exil en pays perdu

Un sentiment qui vit dans les coins. On se sent souvent tout seul dans son coin. À l'écart, comme puni, rejeté, éjecté du monde. Exilé dans un pays étranger, aride, hostile. La belle solitude — celle que l'on souhaite ou qu'on choisit — a tout l'espace pour rêver. Mais le sentiment de solitude rétrécit la vie, il recroqueville la liberté, nous serre le cœur, nous coupe l'espoir sous le pied. Tout misérable, retranché derrière la barrière noire et triste de la barre du 1 (= seul), on considère avec envie les rondeurs accueillantes du 2 ou du 3. Ces boucles ouvertes, invitations à l'amour, à l'amitié, pourquoi, mais pourquoi en est-on exclu ?

LE MODÈLE : *La solitude lui pesait mais il ne trouva personne pour lui tenir compagnie.*
LE CONTRAIRE : *compagnie.*

SOLLICITUDE

Âme sœur et ange gardien

Quelle merveilleuse idée d'avoir placé la sollicitude juste après la solitude ! Cette « âme sœur » veille sur vous avec une tendresse inquiète. Elle observe au microscope tous vos états d'âme, prête à vous prendre dans ses bras au tout premier soupçon de chagrin. « Ange gardien », la sollicitude porte un bouclier (pour vous protéger des épines) et une pince à épiler (au cas où une épine aurait échappé à sa vigilance).

LE MODÈLE : *Elle s'est montrée d'une grande sollicitude dans ces moments difficiles.*
LE CONTRAIRE : *indifférence, égoïsme.*

SOUFFRANCE

Maladie mortelle

On est bien vivant, même pas à l'hôpital, mais la souffrance marche avec nous, comme un enfant mort qu'on porterait en soi. Une douleur lourde comme une pierre, mais dont on sait qu'elle était notre joie. Et c'est cela qui nous torture, dans la souffrance. Un cancer ronge tous les sentiments heureux. Et l'on doit vivre avec ce bonheur assassiné. Jusqu'à ce que la souffrance s'éteigne.

LE MODÈLE : *Il était accablé par tant de souffrance accumulée.*
LE CONTRAIRE : *bonheur.*

SOULAGEMENT

Poids plume

Un poids de fatigue ou de tracas nous pesait sur le cœur. Et voici qu'il s'allège. Le plus dur s'échappe, dans un profond soupir. Ouf ! Le cœur respire plus librement. Le réconfort ressenti nous donne un regain de courage. Devenu plume, notre problème nous semble désormais bien peu de chose. En venir à bout est un jeu d'enfant.

LE MODÈLE : *Elle le regarda s'éloigner avec soulagement.*
LE CONTRAIRE : *accablement.*

SOUMISSION

Élève discipliné

Chouchou des personnes autoritaires, la soumission est un enfant sage. Un élève docile, discipliné, qui reconnaît l'existence d'une force supérieure à laquelle il lui faut se plier. Cette force supérieure peut se trouver en nous. C'est la voix de la sagesse, de la raison, de l'expérience, qui nous indique la marche à suivre. Et l'on obéit, de son plein gré, à son conseil avisé.

LE MODÈLE : *Son fils ne se rebelle jamais contre lui, il est d'une étonnante soumission.*
LE CONTRAIRE : *révolte.*

SOUTIEN

Barre d'appui

La rambarde d'un balcon qui nous protège du vide. Le soutien moral n'a pas besoin d'être en fer ni en béton. Un regard compréhensif, un sourire confiant, une oreille attentive font parfaitement l'affaire.

LE MODÈLE : *Ils lui ont tous témoigné leur soutien dans cette période douloureuse.*
LE CONTRAIRE : *défection.*

SPLEEN

Petite musique triste

Un peu triste, mais d'une tristesse si douce, si floue, si romantique que l'on s'y sent presque à l'aise. Des bleus à l'âme et l'envie de les effleurer, d'en tirer des sons d'une sombre beauté. Avec, entre les notes, des silences, des soupirs. Rythme lent, clair-obscur où danse — grave — la joie orpheline.

LE MODÈLE : *Il a le spleen, rien ne peut le tirer de cette douce mélancolie.*
LE CONTRAIRE : *gaieté.*

Et de longs corbillards, sans tambours ni musique,
Défilent lentement dans mon âme ; l'Espoir,
Vaincu, pleure, et l'Angoisse atroce, despotique,
Sur mon crâne incliné plante son drapeau noir.

CHARLES BAUDELAIRE, "Spleen", *Les Fleurs du Mal*

SUFFISANCE

« Modestie ? Connais pas ! »

Il suffit d'un rien pour que la suffisance soit extrêmement contente d'elle. Elle fait son importante, vous regarde de haut. Même pas frimeuse ! Sa supériorité, elle y croit dur comme fer.

LE MODÈLE : *Elle est d'une suffisance lorsqu'elle commence à parler de son merveilleux appartement, de ses enfants modèles, etc.*
LE CONTRAIRE : *modestie.*

SUPERFICIALITÉ

Couche de vernis

La superficialité vous fait miroiter ses beaux ongles vernis. Rouges et brillants comme des cerises charnues, parfumées, délectables. De quoi vous mettre l'eau à la bouche. Mais n'allez pas vous imaginer qu'elle est généreuse comme un cerisier croulant sous les fruits. Demandez-vous plutôt pourquoi elle tient tellement à mettre sa surface en valeur. (Vous savez bien : moins on a de confiture, plus on l'étale !) Peut-être qu'à l'intérieur — pour l'instant du moins — il n'y a rien à voir !

LE MODÈLE : *Sa superficialité trahit bien son manque de réflexion et de sérieux.*
LE CONTRAIRE : *profondeur.*

SUSPICION

Méfiance, méfiance !

Avant d'ouvrir son cœur, la suspicion ouvre son parapluie. Elle ne se fie pas une seconde à l'aspect innocent du nuage qui passe. Les êtres qui ne vous inspirent pas trop confiance, les situations embrouillées, les excuses tortueuses... créent cette instabilité atmosphérique qui sent le mauvais temps. La nouveauté aussi, parfois, quand elle s'annonce sous un jour plutôt sombre.

LE MODÈLE : *Il est d'une grande suspicion devant les démonstrations trop voyantes d'amitié.*
LE CONTRAIRE : *confiance.*

SYMPATHIE

Préjugé favorable

Au bout de la sympathie se dessinent des amitiés probables, des amours possibles. C'est un chemin où l'on se sent bien ensemble, sur la même longueur d'ondes. Des vibrations passent, de l'un à l'autre. On a envie de se montrer gentil, bienveillant, secourable même. Un sentiment agréable, confortable, sans les excès des folles passions.

LE MODÈLE : *Elle éprouvait beaucoup de sympathie pour le nouveau venu.*
LE CONTRAIRE : *antipathie.*

T

TÉNACITÉ

Colle forte

Une petite personne volontaire et obstinée qui serre les dents, serre les poings. Elle veut y arriver, elle y arrivera, elle n'en démordra pas. Quand elle a décidé de « se coller » à un travail difficile, elle s'y tient. En bon français, on dit « se colleter » avec la difficulté. Cela signifie que l'on se débat comme un beau diable, diablement résolu à triompher. Avec la vigueur d'une étiquette adhésive qui se cramponne à son support.

LE MODÈLE : *Il a fait preuve d'une rare ténacité pour atteindre son but.*
LE CONTRAIRE : *démission.*

TENDRESSE

Amour fondu

Un sentiment absolument bouleversant. Qui vous fait fondre, mais fondre ! Le genre d'amour craquant et si doux qu'éveillent les bébés qui vous sourient, toutes fossettes dehors. Ou une délicieuse vieille dame inconnue qui vous cède sa place dans la queue du supermarché, en vous disant gentiment : « Allez-y, ma mignonne ! Moi, j'ai tout mon temps ! » Ou un gros malabar qui écrase une larme dans le noir, au cinéma, parce que le film est trop beau, trop triste. Ou l'ami que l'on quitte, sur un quai de gare. Ou votre grand-père endormi dans son fauteuil, ses lunettes de travers, avec ses mots croisés qui ont glissé sur ses pantoufles. Ou encore le mot doux que l'on retrouve, tout jauni, tout froissé, qui ressuscite une passion tombée dans les oubliettes... Ah ! la tendresse.

LE MODÈLE : *Elle est d'une merveilleuse tendresse avec tous ses proches.*
LE CONTRAIRE : *dureté.*

Mon esprit s'engourdissait peu à peu auprès d'elle, je la trouvais différente. C'est que maintenant que j'étais sûr de ne plus l'aimer, je commençais à l'aimer. Je me sentais incapable de calculs, de machinations, de tout ce dont, jusqu'alors, et encore à ce moment-là, je croyais que l'amour ne peut se passer. Tout à coup, je me sentais meilleur. Ce brusque changement aurait ouvert les yeux de tout autre : je ne vis pas que j'étais amoureux de Marthe. Au contraire, j'y vis la preuve que mon amour était mort, et qu'une belle amitié le remplacerait.

RAYMOND RADIGUET, *Le Diable au corps*

TENSION

Fil électrique

Les muscles se contractent à n'en plus pouvoir. Les connexions du cerveau fonctionnent comme un réseau routier aux heures de pointe. On se sent comme un Boeing 727 sur le point de décoller, moteurs à plein régime. Le risque de court-circuit ne tient qu'à un fil. Un fil électrique, bien sûr. Ce survoltage peut provenir d'une atmosphère de crise, d'une attention soutenue à l'extrême, d'une attente qui n'en finit pas. Ou autre.

LE MODÈLE : *Ils sentaient monter la tension dans la salle pendant la projection.*
LE CONTRAIRE : *détente.*

TIMIDITÉ

« Malagauche »

Ne cherchez pas, « malagauche » n'existe pas. Mais cette maladresse qui vous fait vous sentir tout gauche, précisément, on a bien du mal à la définir. Parce qu'elle vous donne le plus grand mal à vous définir vous-même. Quoi que vous fassiez, vous avez le sentiment d'être « trop », ou « pas assez ». Personne déplacée, mouton à cinq pattes, canard boiteux, oiseau rare... jamais dans la norme. Troublante, déstabilisante, inconfortable, la timidité vous donne pourtant une grâce fragile, une auréole de mystère qui ne manque pas de charme.

LE MODÈLE : *Il s'empêtrait dans sa timidité sans pouvoir dire un mot.*
LE CONTRAIRE : *assurance.*

TOLÉRANCE

Il est interdit d'interdire

Sa vision est très particulière. Elle ferme volontiers les yeux sur la faiblesse humaine parce qu'elle ouvre grand les yeux sur le monde dans son infinie diversité. Elle a fait sien le message révolutionnaire : « Liberté, égalité, fraternité ». C'est un juge qui comprend et ne condamne pas. Un avocat qui prend au besoin la défense du diable (le pauvre diable !). Lucide, elle n'excuse pas tout. Mais elle s'applique à ne pas accuser à tort et à travers. Et surtout pas *a priori*.

LE MODÈLE : Sa mère est d'une grande tolérance avec lui.
LE CONTRAIRE : intolérance.

TRAGIQUE

Scénario dramatique

Au théâtre, les tragédies nous tirent des larmes... Bien à l'abri dans notre fauteuil grenat, on y prendrait presque du plaisir. Cela corse l'histoire. Suspendu au suspense, haletant, on en demande encore, tout en nourrissant l'espoir secret que tout finira bien. Dans la vie, le tragique manque cruellement de fauteuils confortables. Il manque tout autant de spectateurs compatissants qui vibrent au rythme de nos malheurs avant de nous applaudir tout à l'heure. Seul à seul avec sa douleur, on se sent si seul que l'on ne peut s'empêcher de s'encourager soi-même. Avec la fameuse réplique que nous souffle l'énergie du désespoir : « Allons, allons ! Ce n'est pas si tragique ! »

LE MODÈLE : *Il en était certain, la situation allait tourner au tragique.*
LE CONTRAIRE : *comique.*

TRAHISON

Coup bas

Personnage vil et déloyal, ce faux-jeton au regard fuyant fait ses coups en douce et vous frappe par-derrière. On le craint comme la peste. Avec lui, la fidélité se couvre de pustules, l'amitié se gangrène, l'amour pourrit sur pied. Il vous oblige à rester sur le qui-vive. Ce Judas vous embrasse tendrement tout en vous poignardant. Ce déserteur vous jure qu'il vous défendra jusqu'à la mort au moment précis où il vous abandonne. Agent double, cet espion livre vos secrets à l'ennemi. La trahison, une épée spectrale qui hante les relations de confiance. Quand on ouvre son cœur, quand on s'engage sur la voie des confidences, une voix sépulcrale vous chuchote : « Et s'il y avait un piège ? Et si c'était un faux frère ? »

LE MODÈLE : *Il avait tout misé sur elle, il ressentit sa démission comme une trahison.*
LE CONTRAIRE : *confiance.*

TRANQUILLITÉ

Pas de souci en vue !

Cette absence de soucis laisse tout l'espace intérieur disponible pour que la paix s'installe. Elle emménage doucement, avec la légèreté d'un rayon de soleil qui se pose sur les choses sans peser. La vie s'étend sur une chaise longue pour se la couler douce. La tranquillité a une sœur jumelle, la quiétude.

LE MODÈLE : *Elle se confia en toute tranquillité, heureuse de se libérer de son secret.*
LE CONTRAIRE : *inquiétude.*

TRIOMPHALISME

Tableau de chasse

Le triomphalisme est de ces chasseurs qui vendent la peau de l'ours avant de l'avoir tué. De ces pêcheurs qui préparent la sauce du saumon avant même de sortir lignes et hameçons. Un peu vantards, peut-être, les triomphalistes croient toujours la victoire assurée. D'ailleurs, leurs tableaux de chasse, leurs décorations militaires, leurs affiches électorales l'attestent : ils sont les meilleurs !

LE MODÈLE : *Leur campagne de presse est d'un triomphalisme suspect.*
LE CONTRAIRE : *défaitisme.*

TRISTESSE

Interrupteur

Elle éteint les néons bariolés qui égaient les jours fastes et projette sur notre environnement un éclairage uniformément gris. Elle monte comme une brume, ou tombe comme un brouillard, donnant à la vie quelque chose de lent, d'assoupi. Si c'était un instrument, ce serait un violoncelle qui joue en sourdine, au clair de lune, dans le kiosque à musique d'un jardin à l'abandon. Accompagné par le bruissement des arbres qui pleurent de toutes leurs feuilles. La tristesse ne manque pas d'un certain charme romantique.

LE MODÈLE : *Elle sentait la tristesse l'envahir depuis son départ.*
LE CONTRAIRE : *allégresse.*

Sur ce sentiment inconnu dont l'ennui,
la douceur m'obsèdent, j'hésite à apposer
le nom, le beau nom grave de tristesse.
C'est un sentiment si complet, si égoïste
que j'en ai presque honte alors que la
tristesse m'a toujours paru honorable.
Je ne la connaissais pas, elle, mais l'ennui,
le regret, plus rarement le remords.
Aujourd'hui, quelque chose se replie sur
moi comme une soie, énervante et douce,
et me sépare des autres.

Françoise Sagan, *Bonjour tristesse*, © Julliard

TROMPERIE

Bluff ou arnaque ?

Savez-vous pourquoi les éléphants sont gris ? Pour qu'on ne les confonde pas avec les fraises des bois. Un éléphant, ça trompe énormément. Donc, on se méfie. Mais avec les fraises, allez savoir si un gros méchant loup ne vous attend pas au coin du bois ! Le sentiment de tromperie n'annonce pas un mensonge à grands coups de trompe. Il laisse juste planer un doute, il vous mène en bateau. Vous passez votre temps à chercher l'erreur. Sans trop savoir si l'erreur existe.

LE MODÈLE : *Il devinait la tromperie derrière le sourire enjôleur.*
LE CONTRAIRE : *certitude.*

TYRANNIE

Rouleau compresseur

Un engin qui n'y va pas par quatre chemins pour écraser votre liberté. Vous vous sentez aussi impuissant qu'une pâte à tarte sauvagement aplatie par un rouleau à pâtisserie. Parce que la tyrannie a décidé que vous deviez entrer dans son moule. De gré ou de force. À force, vous finissez par vous étaler de vous-même, comme une carpette. Ou bien vous vous rebellez. Et vlan ! Vous rebondissez comme une crêpe qui agrippe le rouleau et s'y agglutine jusqu'à ce qu'il revienne à des sentiments plus humains. Ah mais ! Même les « bonnes pâtes » ont leur dignité !

LE MODÈLE : *Il ne supporte pas la tyrannie de sa femme.*
LE CONTRAIRE : *liberté.*

U

UTOPIE

Royaume rêvé

Un royaume de conte de fées, où tout irait toujours pour le mieux dans le meilleur des mondes. Ce pays inventé, idéal, idyllique, il fait doux s'y promener quand la réalité se fait dure. Le rêveur éveillé le sait bien : cette parenthèse euphorique n'est qu'illusion ; ce voyage magnifique n'est qu'imagination. Mais les rêves, eux, se sentent en territoire conquis au royaume d'Utopie.

LE MODÈLE : *Elle se doutait que son idée frisait l'utopie, mais elle s'en moquait.*
LE CONTRAIRE : *réalisme.*

V

VACUITÉ

Écorce vide

Un arbre au tronc creux. Pas d'aubier, pas de sève. Nul écureuil n'y engrange ses noisettes. Le vide. L'absence. L'inutilité. Devant cette maison désertée, sans âme, l'attente s'assied sur le pas de la porte. L'attente s'ennuie.

Le premier sentiment venu sera le bienvenu.

LE MODÈLE : *Il ressentait toute la vacuité de ses propos.*
LE CONTRAIRE : *plénitude.*

VANITÉ

Petite prétentieuse !

Elle fait sa fière, elle se met en valeur, elle attend les flatteurs... Vous la voyez prendre des mines, battre des cils, déployer tous ses charmes. Voici « Madame plus que » : belle plus que tout le monde, subtile plus que tout le monde, riche plus que tout le monde, drôle plus que tout le monde. Et cela, « Madame plus que » en est plus que sûre.

LE MODÈLE : *Sa vanité est insupportable, quand prendra-t-elle conscience de ses limites ?*
LE CONTRAIRE : *modestie.*

VÉNÉRATION

Amour céleste

L'objet de la vénération ne touche pas terre. Il est si beau, si pur, si extraordinaire que notre amour fervent ose à peine l'effleurer. On l'admire intensément, on l'adore en silence. Il brille dans notre vie comme une étoile. Inaccessible. Et pourtant proche.

LE MODÈLE : *Il voue à sa mère une vénération totale.*
LE CONTRAIRE : *mépris.*

VÉRACITÉ

Accent de sincérité

Il y a toujours du vrai dans ce que dit la véracité. Même si elle se trompe. Parce qu'elle est complètement sincère, parfaitement spontanée. C'est un sentiment ingénu qui vit d'instinct, sans ruses ni calculs. Il vous fait parler comme chante un oiseau. Avec la même simplicité limpide. Chez les autres, vous reconnaissez la véracité à leur accent de sincérité. Ils peuvent bien balbutier, employer un mot pour un autre, leur intention est claire. Vous lisez en eux à livre ouvert.

LE MODÈLE : *Elle ne pouvait mettre en doute la véracité de ses dires.*
LE CONTRAIRE : *fausseté.*

VEULERIE

Molle et lâche

Aucune force de caractère ! Lâche, faible, timorée, pusillanime, la veulerie bêle comme un mouton impuissant au moindre soupçon de difficulté. En cas de coup dur, elle se défile, rase les murs, fait le dos rond, vous file entre les doigts comme une anguille. Une velléitaire : elle voudrait bien avoir de la volonté mais, vraiment, ça la fatigue. Elle préfère s'avachir dans son gros tas de mollesse.

LE MODÈLE : *Il avait sa veulerie en horreur.*
LE CONTRAIRE : *fermeté.*

VICTOIRE

Hourra !

La veulerie a fort peu de chances de rencontrer ce sentiment triomphant. Pour l'éprouver, il faut d'abord se battre. Mais si la veulerie veut se faire une idée de ce qu'elle rate, qu'elle s'avachisse devant un match de foot — en direct — à la télé. Au premier but marqué, tous ces transports de bonheur, ces étreintes passionnées, cette satisfaction intense qui explose dans tous les sens... cela s'appelle la victoire. Autant dire que, si d'aventure vous triomphez de votre propre lâcheté, vous ne vous sentez plus de joie !

LE MODÈLE : *La foule des supporters fut propulsée en avant par un cri de victoire unanime.*
LE CONTRAIRE : *défaite.*

VIDE

En état de manque

Comme la vacuité, le vide n'a rien à se mettre sous la dent. Disponible, la vacuité attend que quelque chose se passe. Alors que le sentiment de vide survient souvent après quelque chose de fort. On était plein à ras bord d'espoir, d'amour ou d'allant. Et puis cela s'en est allé. On se sent déserté, abandonné. Même les grands chagrins, quand ils vous quittent, vous font cet effet bizarre. Comme si, en entrant dans votre chambre, vous n'y trouviez plus votre lit. Sans cet objet encombrant mais familier, vous voici tout désorienté.

LE MODÈLE : *Elle pleura toute la journée, le soir elle ne ressentait plus qu'un grand vide en elle.*
LE CONTRAIRE : *plénitude.*

Je vis, je meurs ; je me brûle et me noie ;
J'ai chaud extrême en endurant froidure ;
La vie m'est et trop molle et trop dure ;
J'ai grands ennuis entremêlés de joie.

Tout à coup je ris et je larmoie,
Et en plaisir maint grief tourment j'endure ;
Mon bien s'en va, et à jamais il dure ;
Tout en un coup je sèche et je verdoie.

LOUISE LABÉ, *Sonnet VIII*

VOLUPTÉ

Plaisir inouï

Un plaisir moral si vif que tous vos sens en profitent. La volupté enchante la vue, régale l'oreille, réjouit l'odorat, ravit le goût. Quant au toucher, c'est bien simple, vous en frissonnez de la tête aux pieds. Le sentiment de volupté vous envahit tout entier. Votre cœur en est si plein que tout votre corps en vibre.

LE MODÈLE : *Il se livra avec volupté au plaisir des sens.*
LE CONTRAIRE : *insensibilité.*

VRAISEMBLANCE

Vrai ou faux ?

Probablement vrai. Cela en a toutes les apparences. Il semble que l'on puisse y croire. Et si jamais c'était faux, on ne risque pas de se couvrir de ridicule. La vraisemblance peut se porter avec assurance. Comme un bracelet en plaqué qui imite à merveille l'or massif. Même si elle n'est pas parfaitement authentique, la vraisemblance fonctionne comme le jeu d'un acteur de cinéma. On sait bien qu'il n'est pas le personnage « pour de vrai ». Mais puisqu'il est crédible, puisqu'il nous touche, on se laisse convaincre.

LE MODÈLE : *Malgré l'impression de vraisemblance que dégageait la reconstitution, il ne rentra pas dans le film.*
LE CONTRAIRE : *invraisemblance.*

VULGARITÉ

Fausse note

La vulgarité est de ces touristes odieux qui se sentent partout chez eux. Qui, d'un couteau graisseux, gravent leur prénom « Jojo » sur les pyramides d'Égypte. Qui claquent leur fric pour en mettre plein la vue. Qui rient gras dans les cimetières, se baffrent dans les musées, sablent le champagne au milieu de pauvres hères affamés...
La vulgarité a le tort de ne pas regarder où elle met les pieds.

LE MODÈLE : *Elle se sentit blessée par la vulgarité de ses manières.*
LE CONTRAIRE : *délicatesse.*

Photogravure de la couverture ARG
Achevé d'imprimer sur les presses de Bussière Camedan Imprimeries
à Saint-Amand-Montrond
Dépôt légal : 3e trimestre 1996
N° d'éditeur : 1434. N° d'impression : 4/813
ISBN 2.841.46.364.8